世界経済の潮流

2022年 II

インフレ克服に向かう世界経済

令和5年2月

内閣府

政策統括官（経済財政分析担当）

お問い合わせは、内閣府政策統括官（経済財政分析担当）付
参事官（海外担当）付までご連絡下さい。

電話： 03-6257-1581 　　（ダイヤルイン）

まえがき

　「世界経済の潮流」は、内閣府が公表している世界経済の動向に関する報告書です。

　2022年後半の世界経済を取り巻く状況に目を向けると、経済社会活動の正常化、ウクライナ情勢の長期化等によって生じた世界的な物価上昇の克服に向けて急速に金融引締めが進みました。「世界経済の潮流2022年II」では、こうした状況下での世界経済の動向と先行き、主なリスクを整理するほか、ASEANの貿易構造と特定国への依存リスク軽減の動きに関する分析を行っています。また、アメリカ、中国、ヨーロッパの3地域それぞれの経済動向についてもまとめています。

　第1章では、2022年後半を中心に、世界の景気動向を整理しています。世界的な物価上昇を受け金融引締めが急速に進展しています。この下で、2022年後半にかけての世界経済は、旅行・飲食等のサービス消費や設備投資の増加、雇用の安定等により底堅い動きも見られます。また、中長期的な経済安全保障の観点から、エネルギー問題についてはエネルギー確保や価格高騰対策のみならず脱炭素に向けた取組、またサプライチェーン問題については半導体のサプライチェーン強化に向けた取組が進んでいます。一方、2023年にかけての世界の景気は欧米を中心に減速が見込まれています。物価上昇と金融引締めに伴う影響、中国の感染再拡大と不動産市況の悪化、ウクライナ情勢の長期化・深刻化に伴うエネルギー確保、その他の地政学的な要因による中国における経済活動の抑制等には今後も引き続き注視が必要です。

　第2章では、ASEANの貿易構造と特定国への依存リスク軽減の動きについて分析しています。世界貿易の中でASEANの存在感が上昇しています。輸出品目は一次産品・軽工業から機械製品等に重点がシフトしており、「世界の工場」は中国からASEANにも拡大中です。米中貿易摩擦の本格化以降、ASEANの対米輸出は更に増加し、半導体関連品目の輸出も伸長しました。他方、ASEANは部品輸入を始めとして、輸入先が中国に集中している傾向があります。2022年春の中国の感染拡大期のサプライチェーン寸断リスクを受けて、在中米国企業の投資計画には「チャイナ・プラスワン」の動きもみられました。ただし、ASEANの対中貿易依存度は高く、サプライチェーンを通じたリスクには引き続き留意が必要と考えられます。

　このほか本報告書では、アメリカの労働市場のミスマッチと失業率、中国の長期経済見通しと人口問題、ベトナムの対米貿易黒字急拡大を受けたアメリカの対応等、2022年後半の世界経済及び各地域の主なトピックについてもまとめています。

　本報告書の分析が、世界経済の現状に対する認識を深め、その先行きを考えるうえでの一助になれば幸いです。

令和5年2月

内閣府政策統括官（経済財政分析担当）

村山　裕

目　　次

第1章　2022年後半の世界経済の動向

第2章　ASEANの貿易構造と特定国への依存リスク軽減の動き

コラム目次

図 表 目 次

凡　例

（1）本報告書で用いた年次は、特記しない限り暦年（1〜12月）である。

（2）「国」という表現には「地域」を含む場合がある。

（3）本報告書では、特記しない限り原則として、各国・地域を以下のように分類している。

　・**先進国**：OECD加盟国。

　・**新興国**：先進国以外の国のうち、G20に参加する国。

　・**途上国**：先進国・新興国以外の国。

※本報告は、原則として令和4年12月19日頃までに入手したデータに基づく。

第 1 章

2022年後半の世界経済の動向

第1章

2022年後半の世界経済の動向

第1章　2022年後半の世界経済の動向

第1節　世界経済の動向

　2022年後半の世界経済は、国際商品市況の2022年夏頃にかけての高騰や経済全体での労働コストの増加等を背景として物価上昇が進行した。そのために物価安定に向けて金利及び量の双方から、過去と比較しても急速な金融引締めが進み、経済活動に対する政策的な下押しがみられた。しかしながら、新型コロナウイルス感染症（以下「感染症」という。）に対するワクチン接種の進展等による経済活動の再開の進展、雇用の安定、感染症対策等により形成された貯蓄超過や物価高騰対策等により、底堅い動きがみられた。

　一方で、2023年の世界経済は、国際機関の見通しによれば成長の減速が見込まれており、マインド指標においては既に減速の可能性が示されている。

　なお、急速な金融引締めが進む中で、金融市場においては、ドイツとユーロ圏の一部の国との国債利回りの差の拡大、国債市場のボラティリティの高まり、新興国等における為替相場の大幅な変動や資金流出入等の市場の変動もみられている。

　本節では、世界経済の動向を、特に物価動向や金融政策の動向等に着目して、2022年後半を中心に分析する。続いて、世界経済の先行きやリスクについて概観する。また、欧州におけるエネルギーの確保と節約、各国のエネルギー価格高騰対策について整理するとともに、今後の設備投資や生産に大きな影響を与える重要な政策課題である脱炭素に向けた取組及び半導体のサプライチェーン強化に向けた取組についても概観する。

1．物価動向

　本項においては、2022年後半の世界経済の動向を分析するにあたり最も重要な課題となっている物価上昇について、国際商品市況、労働コストの推移及び総需要と総供給の引締まりを踏まえて分析する。

（世界的に物価上昇が進展）
　感染症拡大以降のG20諸国の消費者物価上昇率（総合、中央値）の推移を振り返ると、2020年4－6月期には経済社会活動の制限を背景に、輸送サービス及び飲食・宿泊サービス価格等の下落や原油価格の下落を受けて消費者物価上昇率は大きく低下した

[1]。その後、行動制限の緩和や原油価格の持ち直し等があるものの、2020年末頃までは先進国においては、消費者物価上昇率はゼロ近傍で低迷した。

　しかしながら2020年末以降、ワクチン開発及び接種の進展等に伴う経済活動の再開、及びそれに伴い原油価格が上昇傾向となるとともに[2]、部品供給の不足、物流の停滞及び人手不足といった供給制約等を受けて消費者物価上昇率は先進国及び新興国において上昇傾向となった[3]。

　そのような状況下において、2022年2月のロシアによるウクライナ侵攻を背景としたエネルギー価格及び小麦価格等の高騰が生じ、先進国及び新興国共に消費者物価の上昇は加速した[4]。先進国においては2022年6月以降は7％台で推移し、新興国は3月から9月にかけて7％台で推移したものの、10月以降は下落に転じている（第1-1-1図）。

　以下では、物価上昇の要因として国際商品市況、労働コスト（単位労働費用）及び総需要と総供給の引締まり（GDPギャップ）を確認した上で、アメリカ、ユーロ圏及び英国の物価上昇について分析する。

第1-1-1図　G20諸国の消費者物価上昇率（中央値）

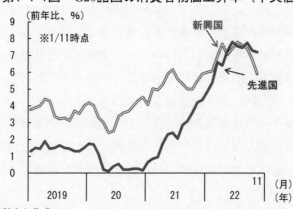

（備考）　1．各国統計より作成。
　　　　　2．先進国は、G7各国及びオーストラリアの消費者物価上昇率（前年比）の中央値。
　　　　　　　新興国は、上記「先進国」を除くG20各国（欧州連合を除く）の消費者物価上昇率の中央値。

（国際商品市況：不安定な動きだが2022年夏頃の水準より下落）

（i）原油

　物価動向を分析するにあたり、物価上昇の大きな要因となっているエネルギー価格の動向をみてみる。まず、原油価格については、2022年2月末のロシアによるウクライナ

---

[1] 内閣府（2020）
[2] 内閣府（2022a）
[3] 内閣府（2022b）
[4] 内閣府（2022b）

侵攻を受けて侵攻前の1バレル約93ドルから3月上旬には約124ドルまで急騰し、7月中旬頃までは100ドルを超える水準で推移した。

　8月以降の原油価格の動向について、需要面では、各国中央銀行による金融引締めペースの加速に伴う世界景気の減速懸念、及びゼロコロナ政策の維持による中国経済の減速等による需要減の動きがみられた。

　供給面では、OPECプラスの減産合意、イラン産原油の供給再開見通しの不透明感、及びロシア産原油の供給をめぐる不透明感等から供給面での不安がみられた。なお、ロシア産原油の供給については12月に入ると、G7とEU、オーストラリアは、ウクライナ侵攻に対する追加制裁措置として、ロシア産原油への上限価格を設定するとともに（1バレル＝60ドル）、EUはロシア産原油に対する禁輸措置を実施した。

　こうした需給両面の動きを受けて、原油価格は不安定な動きを伴いながらも、12月半ば時点では、ロシアによるウクライナ侵攻前の水準よりも低い70ドル台半ばで推移している。

（ⅱ）天然ガス

　欧州における天然ガスの卸売価格は、2010年頃までは長期契約による石油価格にリンクした価格（石油インデックス）であったが、2010年代には市場における競争価格（スポット価格）への移行が進んだ[5]。このために他地域での需給動向が欧州の市場価格に反映されやすくなった。

　こうした市場構造の中で、欧州のガス卸売価格のベンチマークであるTTF価格については、2021年央より、感染症からの経済活動再開に伴うアジア市場での需要増の影響に加え、ロシアから欧州へのガス供給が低調であったことから需給がひっ迫して徐々に上昇[6]し、12月中旬には2020年初と比較して15倍近い水準まで高騰した。その後2022年に入ると、ロシアによるウクライナ侵攻後、ロシアからのガス供給が徐々に減少することに伴いTTF価格は更に上昇し、8月下旬には2020年初と比較して26倍近い記録的な高水準にまで高騰した。

　その後、欧州各国による2022年冬に向けたガス備蓄確保に一定の目途が立ったことから、9月初旬以降は低下傾向にあったが、11月に入ると暖房需要もありやや上昇し、12

---

[5] Kuik, F. et al. (2022) は、欧州のガス価格と原油価格との分離について以下のように指摘。2015年以前は、欧州のガス契約価格の大部分は原油市場価格に連動したが、2015年以降、欧州のガス契約価格の多くは、欧州におけるガス卸売価格の指標であるオランダのガス・スポット取引価格TTFに連動してきた。そのために原油価格とガス価格の関係性は、この10年間徐々に弱まってはいるものの、世界の経済活動に対する共通のショックの影響を受けるため、ある程度連動する。

[6] 内閣府（2022b）は、欧州のガス卸売価格上昇の背景について、経済活動再開に伴うガス需給のひっ迫の影響に加え、天候条件、欧州排出権取引価格の高騰による影響も指摘。

月中旬には100ユーロ/メガワット時台後半と、依然として高い水準にとどまっている。

　今後については、暖房需要が膨らむ冬季に備え、EU各国はガス貯蔵を進めてきた結果、2022年冬のガス需給は緩和すると見込まれているものの、厳冬の可能性等には引き続き留意が必要である。

　なお、欧州各国と域内企業は、ロシア産化石燃料への依存解消・代替調達先の確保を急ぐとともに、省エネやエネルギー調達の多様化と脱炭素に向けた取組を進めている（後述の５項（３）脱炭素に向けた政府と民間の取組を参照）。

（iii）小麦

　食料価格に大きな影響を与える小麦価格については、ウクライナ産小麦の輸出再開に関するロシアとの合意（以下、「輸出再開合意」という。）への期待等を受けて、６月下旬頃にはロシアによるウクライナ侵攻前の水準付近まで低下した。しかしながら、8月下旬以降は、ウクライナ情勢の長期化を受けて同国からの輸出への再懸念等から上昇し、10月上旬には９ドル/ブッシェル台前半に値を上げた。その後、11月の輸出再開合意の延長やロシア産小麦の供給増加等から12月上旬には７ドル/ブッシェル台前半に値を下げたものの、ウクライナからの穀物輸出への不透明感の高まり等から値を上げ、12月中旬では７ドル/ブッシェル台後半で推移している（第1-1-2図）。

　このように物価に大きく寄与するエネルギーや小麦価格は不安定な動きだが、2022年夏頃の水準より下落して推移している。

第1-1-2図　国際商品市況

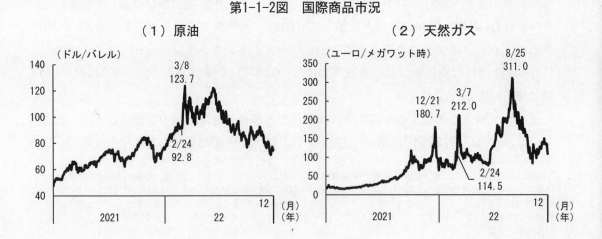

（１）原油　　　　　　　　　　　　（２）天然ガス

（3）小麦

（備考）ブルームバーグより作成。

（単位労働費用：増加は物価上昇に寄与）

　さらに、供給側からみた物価上昇要因となる労働コストの動向を確認するために、単位労働費用の推移をみてみる。単位労働費用は実質GDPを一単位生産するために必要な名目総労働費用を表し、労働コストの観点からみた物価変動の指標とされる[7]。単位労働費用の2019年から2022年4－6月期までの推移をみると、2020年から2021年にかけては感染症の拡大及び減退に伴う実質GDPの急速な増減を受けて大きく変動したものの[8]、2021年半ば以降はアメリカ、ユーロ圏、英国においていずれも上昇基調となっている（第1-1-3図）。こうしたことから、2022年4－6月期まで労働コストの増加が物価上昇の一因となっていたと考えられる。

　なお、物価上昇が賃金上昇をもたらし、それが更なる物価上昇を引き起こすといったスパイラル的な物価上昇の懸念がみられ始めているところ、賃金及び労働費用面の動向には引き続き注視が必要である[9]。

---

[7] 単位労働費用≡労働投入量×名目賃金／実質GDPなので、右辺は物価×実質賃金／労働生産性（実質GDP／労働投入量）に分解できる。労働生産性と実質賃金は同率で動くと仮定すれば、単位労働費用の変化＝物価の変化となる。

[8] 特に2020年1－3月期から7－9月期の英国の単位労働費用の変動が大きくなっているが、その主な要因としては分母の実質GDPの変動が他の国と比べて大きいことが挙げられる。2020年4－6月期、7－9月期のアメリカの実質GDP成長率はそれぞれ前期比で▲8.5％及び7.9％、ユーロ圏では▲10.2％及び10.9％である一方で、英国では▲21.0％及び16.6％となっている。また、他の主要国・地域と比べて、英国では2020年4－6月期の実質GDP成長率の下落に対して7－9月期の回復が相対的に弱かった。なお、分子に関連する雇用支援関連施策含め、同期間の経済動向の詳細は内閣府（2020）参照。

[9] 2022年12月のECB理事会（European Central Bank (2023)）においては、賃上げ加速が続いている状況を踏まえ、インフレの2次的影響が発生しつつあるとの警戒感が示されている。

第1-1-3図　各国の単位労働費用の推移

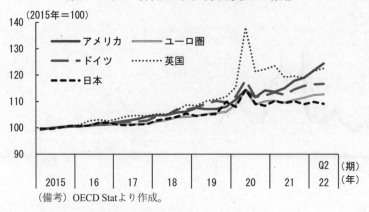

（備考）OECD Statより作成。

（GDPギャップ：感染症拡大前の水準に近づき、需給は引締まり）

　マクロ経済全体での需給の引締まりを示すGDPギャップにつき、IMF（2022d）による推計値の推移及び今後の見通しをみると、アメリカ、ユーロ圏及び英国等においては、供給制約がある中において、経済活動の再開等に伴い需要が回復したことにより、GDPギャップが感染症拡大以前の水準に急速に近づき、経済全体での需給が引き締まっていることがうかがえる（第1-1-4図、第1-1-5表）。

第1-1-4図　先進国のGDPギャップ（IMFによる推計）

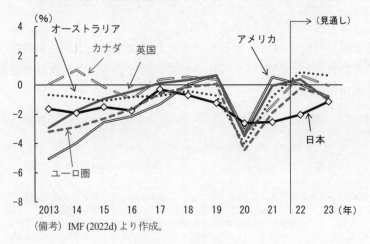

（備考）IMF (2022d) より作成。

第1-1-5表　先進国の実質GDP水準、GDPギャップ及び利上げ回数の比較

	実質GDP水準 (指数、2019年＝100)		GDPギャップ (%)		消費者物価上昇率 (前年比、%)		22年通算 利上げ回数
	21年	22年 (見通し)	21年	22年 (見通し)	21年	22年 直近月	
アメリカ	103.0	103.7	0.5	0.0	4.7	7.1	7回利上げ
ユーロ圏	98.7	101.9	▲ 1.9	▲ 0.3	2.6	10.1	4回利上げ
ドイツ	98.4	100.4	▲ 1.3	▲ 0.5	3.2	11.3	
フランス	98.3	100.8	▲ 1.9	▲ 0.8	2.1	7.1	
イタリア	97.0	100.1	▲ 3.3	0.4	1.9	12.6	
英国	95.7	101.0	▲ 0.1	0.4	2.6	10.7	8回利上げ
カナダ	99.7	102.3	▲ 1.4	0.6	3.4	6.8	7回利上げ
オーストラリア	103.3	106.5	▲ 0.8	0.9	2.9	6.9	8回利上げ
日本	97.8	98.7	▲ 2.5	▲ 2.0	▲ 0.2	3.8	0回

（備考）1．IMF (2022d)、各国統計、ユーロスタット、各国中央銀行より作成。
　　　　2．2022年の消費者物価上昇率は、オーストラリアは10月、その他は11月の前年同月比。
　　　　3．2022年通算利上げ回数は、12/19までの利上げ決定回数。

（アメリカの物価上昇はコア品目へと移行）

　以上を踏まえ、アメリカ、ユーロ圏、英国の消費者物価上昇率（総合、前年同月比）の動きをみると、アメリカは原油価格の低下を受けて夏以降は低下傾向にあり、2022年6月に9.1％まで上昇した後、11月は7.1％まで低下している。一方で、ユーロ圏はガス卸売価格が高水準にあることなどを受けて10月には10.6％まで上昇した後に11月には10.1％、英国も同様の理由で10月には11.1％まで上昇した後に11月には10.7％となり、一服感がみられている（第1-1-6図）。

　さらに、総合指数をエネルギー、食料（生鮮含む）、財（エネルギー、食料以外）とサービスに分けてみると、ユーロ圏では総合指数への寄与度の約6割、英国では約5割をエネルギー及び食料が占めており、引き続き国際商品市況を受けた物価上昇圧力が大きい状況が続いている。

　これに対し、アメリカでは、ユーロ圏及び英国に比べてエネルギー供給制約が限定的であることから、夏以降、財及びサービスといったコア品目に物価上昇の主要因が移行していることが確認できる。アメリカのコア品目の内訳をみると、感染症拡大による景気減速からの回復局面初期においては、行動制限のために財需要がサービス需要よりも相対的に強かったため、財価格の上昇が先行した。その後、行動制限緩和に伴うサービス需要の高まり、労働コストの上昇及び住宅価格上昇に伴う住居費の上昇を受けてサービス価格が上昇傾向となり、アメリカの消費者物価全体に対する最大の押上げ要因となっている。なお、住宅価格は2022年後半に入り下落していることから、住居費について

は今後一定期間の遅れを伴って上昇率が低下する可能性がある[10]（住宅価格については後述の２節１項を参照）。

第1-1-6図　各国の消費者物価上昇率の寄与度の推移

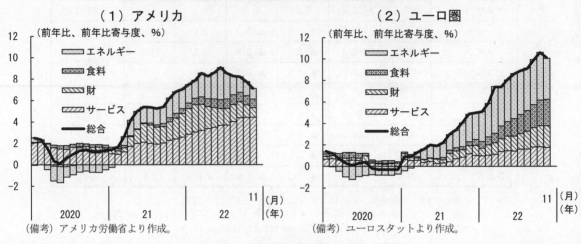

（１）アメリカ

（備考）アメリカ労働省より作成。

（２）ユーロ圏

（備考）ユーロスタットより作成。

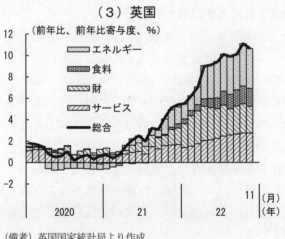

（３）英国

（備考）英国国家統計局より作成。

２．金融政策の動向

　２項では、１項で確認した物価上昇の加速を受けた、欧米による物価安定に向けての急速な金融引締め状況とその影響を分析する。

---

[10] 2022年12月のFOMC後の記者会見において、パウエルFRB議長は「（FOMC参加者より示された）コア物価上昇率の見通しを前提にするのであれば、来年半ばには家賃等が減速し始めなければならない」と発言している。

（金融引締めは2021年に新興国が先行）

　2021年以降、経済活動の再開と物価上昇を背景に各国で金融緩和の縮小や金融引締めが進められた。2022年は物価上昇の加速を受けて、こうした動きに一段の進展がみられたが、新興国と先進国では利上げの開始時期や頻度が異なる。

　G20諸国の各月の政策金利変更回数をみると、新興国については、2021年前半から複数の国が利上げを行っており、2021年後半以降は利上げを行う国が一段と多くなった。この中で、ブラジルは2021年３月と早期に利上げを開始し、2022年９、10月の政策決定会合では政策金利を据え置くなど、一部の新興国においては金融引締めのテンポ鈍化に向けた動きがみられる（後述の４項（３）国際金融環境において金利引上げ幅も含めて新興国の動向について確認する）。

　一方、先進国については、利上げは2021年末から実施されており、2022年春以降になり利上げを行う国が増えるなど、新興国に比べて遅いタイミングでの金融引締めがなされている（第1-1-7図）。

第1-1-7図　G20諸国の政策金利変更回数

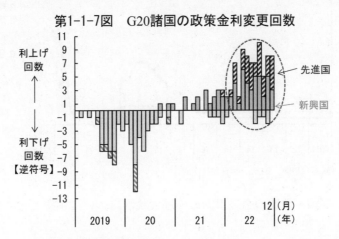

（備考）　1．BIS、各国中央銀行より作成。
　　　　　2．先進国はG7各国及びオーストラリア。新興国は先進国以外のG20諸国。
　　　　　3．利上げ（利下げ）回数は、ロシアとアルゼンチンを除くG20諸国の各中央銀行について、各月、利上げ（利下げ）を行った場合は１回、行わなかった場合は０回を計上。同一国が同月内に複数回の利上げ（利下げ）を行った場合も、１回利上げ（利下げ）として計上。
　　　　　　2022年12月は、12/19までに利上げ（利下げ）が決定された場合に１回を計上。
　　　　　4．利上げ（利下げ）回数の算定対象となる政策金利は、BISがデータセット作成を目的として各中央銀行に報告を求めた特定の系列。例えば、ユーロ圏は主要リファイナンスオペ金利、中国は貸出基準金利が算定対象となっているところ、その他の政策金利の変更は反映されない。

（欧米中銀は物価安定に向けて急速に金融引締めを実施）

　また、欧米中銀は政策金利を連続して大幅に引き上げるといった急速な金融引締めを

進めており[11]、アメリカの連邦準備制度理事会（FRB）は2022年3月の連邦公開市場委員会（FOMC）においてフェデラル・ファンド・レート（FF金利）の誘導目標範囲を0.25％ポイント引き上げて以降、2023年2月までに累計で4.50％ポイントの大幅な引上げを行った。欧州中央銀行（ECB）は7月の理事会において主要リファイナンスオペ金利を0.50％ポイント引き上げて以降、2023年2月までに累計で2.50％ポイント引き上げた。また、イングランド銀行（BOE）は2021年12月の金融政策委員会においてバンク・レートを0.25％ポイント引き上げて以降、2023年2月までに累計で3.75％ポイント引き上げた（第1-1-8図）。

　さらに、量的緩和を意図した保有資産の削減については、FRBは予定されていた9月以降の削減の上限額引上げを実施するとともに、BOEは後述するように延期となっていた国債の売却を11月から開始するなどの対応を行っている（第1-1-10表）。

第1-1-8図　欧米主要国・地域の政策金利の推移

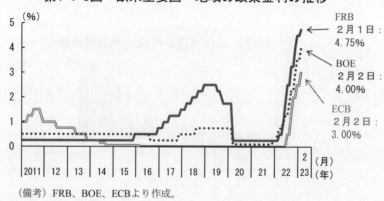

（備考）FRB、BOE、ECBより作成。

　以下、欧米主要国・地域の金融引締めの進展状況について中銀ごとに確認する。

（i）アメリカ

　FRBは、引き続き金融引締めを進展させており、2022年6月以降は4回連続でFF金利を0.75％ポイント引き上げた。12月以降は2回連続で利上げ幅を縮小し、12月のFOMCにおいて0.50％ポイント、2023年2月に0.25％ポイント引き上げ、誘導目標範囲は4.50～4.75％となっている。今後の利上げ予定について、FRBは誘導目標範囲の継続的な引上げが適当とし、2022年12月に示したFF金利の予想[12]は、9月に示した予想[13]よりも最終的な金利水準が高くなる可能性を示し、物価上昇率が2％に戻ると確信できるまでは

---

[11] 内閣府（2022b）においては、アメリカについて前回引締めペースとの比較を行っている。
[12] 2022年12月のFOMC参加者による金利誘導目標の予想の中央値は、2022年は4.40％、2023年は5.10％。
[13] 2022年9月のFOMC参加者による金利誘導目標の予想の中央値は、2022年は4.40％、2023年は4.60％。

利下げは考えないとした。

（ii）ユーロ圏

　ECBは、7月の11年ぶりの利上げ（0.50％ポイント）決定後も、9月及び10月の政策理事会において利上げ幅を0.75％ポイントに拡大した後、12月及び2月の理事会においては0.50％ポイントの利上げを決定しており、主要リファイナンスオペ金利を3.00％とするなど金融引締めを進展させている。今後の利上げの予定についてECBは、2月の政策理事会において、次回3月の理事会で再度0.50％ポイントのペースで利上げを行い、さらに金融政策の今後の道筋を検討する予定とした上で、物価上昇と経済の見通しに基づいて会合ごとに決定するとしている。また、ECBは12月の政策理事会において、資産購入プログラム（APP）において償還された元本の再投資を3月以降一部停止するなどの量的引締め開始に向けた方針[14]を示した。

　なお、金融引締めが進む中で、2021年秋以降、ユーロ圏の一部の国の国債利回りが上昇し、ドイツの10年物国債との利回りの差が開く状況が生じている（第1-1-9図）。ECBは、この状況が続けば、財政状況がぜい弱な国では資本流出や利回りの上昇が起こり、金融環境が過度に引き締まる結果、資金調達環境の悪化といった自己実現的な財政問題（self-fulfilling financial tensions）が引き起こされるとの懸念を示している。

　ECBは、このような事態を回避し、金融政策を効果的に波及させるための対応として、感染症拡大時に導入した資産購入プログラムである「パンデミック緊急購入プログラム」（PEPP：Pandemic emergency purchase programme）の再投資資金の柔軟化活用を行い、イタリアとスペインの国債についてはキャピタルキー（ECBへの出資比率）を上回って購入し、これらの国々とドイツとの金利差が大きく開かないよう調整している。しかしながら、この枠組みは再投資資金枠内での買入れしか実施できないなどの制約があることから、市場の更なるストレスに対応するために、新たな枠組み（TPI:Transmission Protection Instrument）を7月に導入した[15]。

---

[14] 当該再投資は、2月の政策理事会において、APPの各構成プログラムの償還シェアに比例して配分される方針が示された。
[15] ユーロ圏における国債利回りの域内格差とECBの対応については茂野（2022）を参照。

第1-1-9図　ユーロ圏各国の国債利回り（対ドイツ差）

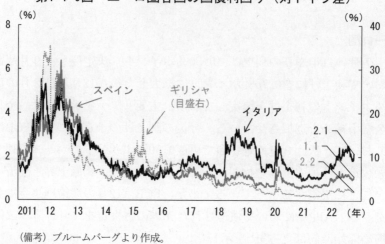

（備考）ブルームバーグより作成。

（iii）英国

　BOEは、引き続き金融引締めを進展させており、8月及び9月の金融政策委員会において利上げ幅をそれまでの0.25％ポイントから0.50％ポイントに拡大、11月の同委員会では更に約33年ぶりとなる0.75％ポイントにまで拡大した後、12月及び2月の同委員会では0.50％ポイントの利上げを決定した。その結果、バンク・レートは4.00％となった。今後の利上げの予定について、BOEは、2月の同委員会において、物価上昇率を中期的に持続的に2％の目標まで戻すために必要に応じて金利を調整するとの方針を示している。

　また、資産購入枠において保有していた国債の売却を当初9月に開始することを予定していたが、トラス政権による物価対策の事業規模と財源に対する市場の不安等を受けた国債利回りの高騰等の市場の混乱を受けて延期され、11月1日より開始された。なお、社債の売却については2月より開始されていたが、9月27日の売却実施後に同様に延期され、10月25日に再開された。

第1-1-10表　欧米の金融政策の動向（2021年末以降、主なもの）

	FRB	ECB	BOE
政策金利	・**利上げ** [22年3月〜] FF金利（誘導目標範囲） ：0.00〜0.25% →**0.25〜0.50%に引上げ** [22年3月] →**0.75〜1.00%に引上げ** [同5月] →**1.50〜1.75%に引上げ** [同6月] →**2.25〜2.50%に引上げ** [同7月] →**3.00〜3.25%に引上げ** [同9月] →**3.75〜4.00%に引上げ** [同11月] →**4.25〜4.50%に引上げ** [同12月] →**4.50〜4.75%に引上げ** [23年2月]	・**利上げ** [22年7月〜] 主要リファイナンスオペ金利 ：0.00%［16年3月〜］ →**0.50%に引上げ**［22年7月］ →**1.25%に引上げ**［同9月］ →**2.00%に引上げ**［同10月］ →**2.50%に引上げ**［同12月］ →**3.00%に引上げ**［23年2月］ 限界ファシリティ金利 ：0.25%［16年3月〜］ →**0.75%に引上げ**［22年7月］ →**1.50%に引上げ**［同9月］ →**2.25%に引上げ**［同10月］ →**2.75%に引上げ**［同12月］ →**3.25%に引上げ**［23年2月］ 預金ファシリティ金利 ：▲0.50%［19年9月〜］ →**0.00%に引上げ**［22年7月］ →**0.75%に引上げ**［同9月］ →**1.50%に引上げ**［同10月］ →**2.00%に引上げ**［同12月］ →**2.50%に引上げ**［23年2月］	・**利上げ** [21年12月〜] バンク・レート （準備預金付利金利） ：0.10% →**0.25%に引上げ**［21年12月］ →**0.50%に引上げ**［22年2月］ →**0.75%に引上げ**［同3月］ →**1.00%に引上げ**［同5月］ →**1.25%に引上げ**［同6月］ →**1.75%に引上げ**［同8月］ →**2.25%に引上げ**［同9月］ →**3.00%に引上げ**［同11月］ →**3.50%に引上げ**［同12月］ →**4.00%に引上げ**［23年2月］
量的緩和の縮小、保有資産の削減	・**保有資産の削減** [22年6月〜] 米国債 ：**保有額を月300億ドルを上限に削減**［22年6〜8月］ →**保有額を月600億ドルを上限に削減**［同9月〜］ MBS ：**保有額を月175億ドルを上限に削減**［22年6〜8月］ →**保有額を月350億ドルを上限に削減**［同9月〜］ ※保有資産の削減は原則として再投資の調整により実施。	・**保有資産の削減** [23年3〜6月（予定）] 資産購入プログラム（APP） ：**償還された元本の再投資を一部停止予定。** [23年3〜6月（予定）] （当該期間中は、保有資産が月平均150億ユーロ（当該期間の償還額の月平均の約半分）減少する見込み。）	・**保有資産の削減** [22年2月〜] 英国債 ：購入枠8,750億ポンド →**満期を迎えた国債の再投資を中止**［22年2月］ →**購入枠での保有国債を800億ポンド削減し7580億ポンドとする**［同11月〜］ ・長期国債を緊急的に買い入れ（累計193億ポンド）[同9月28日〜10月14日] →**緊急的に買い入れた国債の一部売却**［同11月29日〜］ 社債 ：購入枠200億ポンド →**満期を迎えた社債の再投資を中止**［22年2月］ →**売却により保有資産を完全に解消**［23年末まで］

（備考）
1．FRB、ECB、BOEより作成。
2．各括弧内は、当該金利水準等の適用が開始された、または利上げ等が実施された年月を示す。
3．太字は金融緩和縮小または金融引締めに関連する事項。
4．「量的緩和の縮小、保有資産の削減」については2022年以降継続中の主なものについて記載。

（長期金利は急速に上昇し、住宅需要は減少）

このような政策金利の引上げや保有資産の削減を受けて、長期金利は2022年初から上昇傾向となり、特に夏から10月にかけては欧米中銀がそろって政策金利を大幅に引き上げたことなどから、2022年10月頃にかけて長期金利が３％ポイント以上上昇した。なお、アメリカの前回の利上げ局面（2015年末～2019年半ば）では約３年かけて１％ポイント長期金利が上昇していることから、今回は長期金利の上昇ペースも急速であったことが確認できる（第1-1-11図）。このような長期金利の急上昇はアメリカにおいては住宅ローン金利を通じて住宅需要を減少させているが（後述の２節を参照）、ユーロ圏や英国においても同様の効果が見込まれている。

第1-1-11図　欧米先進国10年物国債金利の変動幅

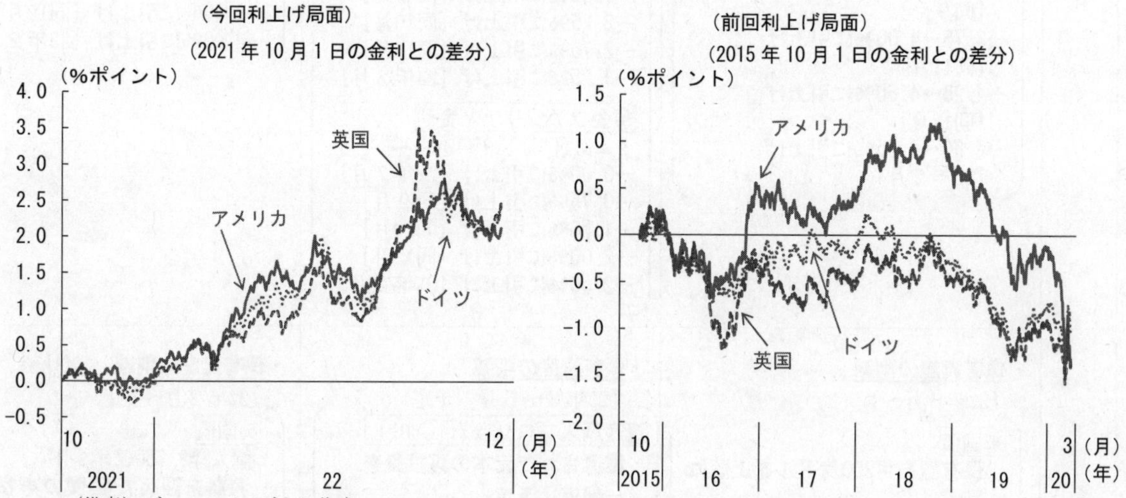

（今回利上げ局面）
（2021 年 10 月 1 日の金利との差分）

（前回利上げ局面）
（2015 年 10 月 1 日の金利との差分）

（備考）ブルームバーグより作成。

（金融引締めに伴う副次的な影響に留意が必要）

今回の金融引締め局面においては、英国の物価対策に関連する市場の混乱、イタリア等の国債利回りとドイツ国債利回りの差が広がる状況、長期金利の急速な上昇、アメリカにおける国債価格の変動リスクの高まり（第1-1-12図）及び新興国等におけるドル高・各国通貨安や資金流出入の変動（後述の４項（３）国際金融環境を参照）といった金融市場における副次的な影響がみられている。今後とも欧米中銀においては政策金利の引上げが見込まれるとともに、ECBにおいても量的引締めが開始される予定となっており、金融市場には更なる副次的な影響が生じる可能性がある。このような影響は実体経済にも伝播する可能性が否定できないところ、今後とも金融市場の動向を注視する必要がある。

第1-1-12図　国債価格のボラティリティ

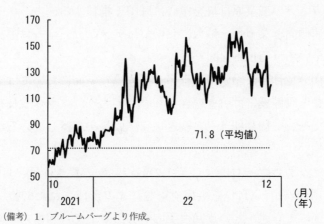

（備考）1．ブルームバーグより作成。
　　　　2．MOVE指数（Merrill Lynch Option Volatility Estimate Index）。
　　　　　　バンク・オブ・アメリカ・メリルリンチが算出する、米国債の先行き変動リスクを示す指数で、
　　　　　　一般的に数値が高いほど投資家が債券相場の先行きに不安を感じるとされる。
　　　　3．グラフ中の平均値は、感染症拡大前の10年間の平均。

３．世界経済の動向と背景

　このように物価上昇率が高い状況において急速な金融引締めが行われた中、世界経済
はどのように推移してきたのだろうか。以下では実質GDP成長率及び主要な需要項目等
から現在の経済動向を確認し、２節において地域ごとにより詳細な分析を行う。

（1）先進国
（アメリカはユーロ圏や英国に比べ回復力が強い）
　まず、先進国における経済動向を確認する。先進国の実質GDPをみると、2022年7－
9月期はアメリカ及びユーロ圏はプラス成長となりながらも、アメリカはユーロ圏に比
べ相対的に回復力が強く、英国は2022年7－9月期に若干のマイナス成長となり足踏み
状態となった（第1-1-13図）。感染症拡大前と比べると、実質GDPはおおむね感染症拡
大前の水準を回復している。
　需要項目別にみると、2022年4－6月期、7－9月期は、個人消費はサービス消費を
中心に回復しているが、消費者物価上昇率の違いなどを背景に、アメリカでは持ち直し
の動きが続いているものの、ユーロ圏においては持ち直しに足踏みがみられ、また英国
においては弱含んでいる。設備投資はアメリカ及びユーロ圏ではR＆Dやソフトウェア
といった知的財産生産物を中心に持ち直しているものの、英国においては横ばいとなる
など、内需の主要項目は、相対的にアメリカの回復力が強い状況となっている。

また、貿易面をみると、2022年4－6月期、7－9月期は、輸出においては、アメリカは原油や天然ガス等の工業原材料を中心に底堅く推移する一方、ユーロ圏及び英国は持ち直しから減速傾向となった。輸入においてはアメリカ、ユーロ圏及び英国においても頭打ちとなっている（第1-1-14図）。

　なお、2022年10－12月期においては、アメリカは貿易面においては減速感がみられるものの、個人消費と設備投資は引き続き持ち直しており、プラス成長を維持している。ユーロ圏においても10－12月期は引き続きプラス成長を維持しているが、アメリカの回復力が相対的に強い状況が続いている。

　このようなアメリカとユーロ圏及び英国の経済動向の背景には、(i)経済活動の再開の進展、(ii)雇用の安定、(iii)感染症対策等により形成された貯蓄超過の取崩しと物価高騰対策（5節にて詳述）という回復要因がある一方で、回復力の違いの背景としては、物価上昇率の違いに加えて、(iv)エネルギー価格高騰等による交易条件の改善及び悪化、が考えられることから、以下において確認する。

第1-1-13図　先進国の実質GDP

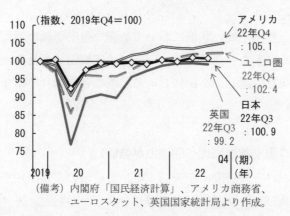

（備考）内閣府「国民経済計算」、アメリカ商務省、
　　　　ユーロスタット、英国国家統計局より作成。

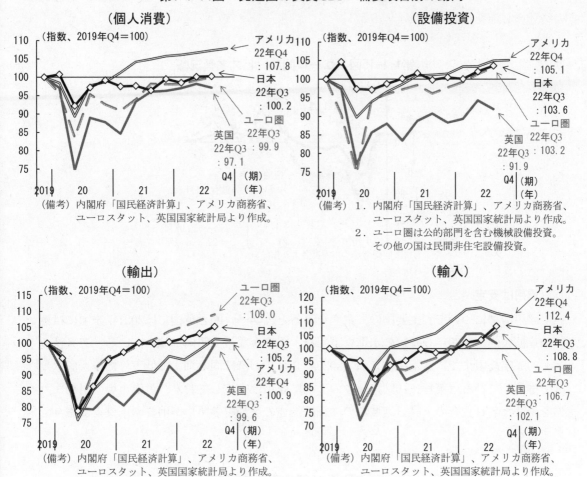

第1-1-14図　先進国の実質GDP　需要項目別の動向

（個人消費）

（指数、2019年Q4＝100）

アメリカ
22年Q4
：107.8

日本
22年Q3
：100.2

ユーロ圏
22年Q3
：99.9

英国
22年Q3
：97.1

（備考）内閣府「国民経済計算」、アメリカ商務省、
　　　　ユーロスタット、英国国家統計局より作成。

（設備投資）

（指数、2019年Q4＝100）

アメリカ
22年Q4
：105.1

日本
22年Q3
：103.6

ユーロ圏
22年Q3
：103.2

英国
22年Q3
：91.9

（備考）1．内閣府「国民経済計算」、アメリカ商務省、
　　　　　ユーロスタット、英国国家統計局より作成。
　　　　2．ユーロ圏は公的部門を含む機械設備投資。
　　　　　その他の国は民間非住宅設備投資。

（輸出）

（指数、2019年Q4＝100）

ユーロ圏
22年Q3
：109.0

日本
22年Q3
：105.2

アメリカ
22年Q4
：100.9

英国
22年Q3
：99.6

（備考）内閣府「国民経済計算」、アメリカ商務省、
　　　　ユーロスタット、英国国家統計局より作成。

（輸入）

（指数、2019年Q4＝100）

アメリカ
22年Q4
：112.4

日本
22年Q3
：108.8

ユーロ圏
22年Q3
：106.7

英国
22年Q3
：102.1

（備考）内閣府「国民経済計算」、アメリカ商務省、
　　　　ユーロスタット、英国国家統計局より作成。

（経済活動の再開の進展）

　2021年前半にワクチン接種が進展したことにより、ユーロ圏においては2021年夏頃に経済活動の再開に伴って旅行代理店、宿泊業、飲食サービス業を含むサービス業の景況感は大きく改善した。その後、季節的な変動に加えて、変異株の感染拡大に伴う一時的な行動制限等による低下を伴いながらも、2022年4－6月期にかけて改善している。また、7－9月期も、物価上昇による可処分所得の減少がみられる中においても夏季の旅行需要が堅調であったことから、サービス業の景況感は減速しながらも改善を続けた。10－12月期に入っても底堅く推移していることから、経済活動の再開の進展が消費を下支えしていることがうかがえる（第1-1-15図）。

　また、感染症拡大を受けて実施が先送りされていた設備投資も回復しており、アメリ

カやユーロ圏においては知的財産生産物を中心に増加がみられている（地域別の詳細は後述の2節を参照）。

第1-1-15図　ユーロ圏サービス業景況感

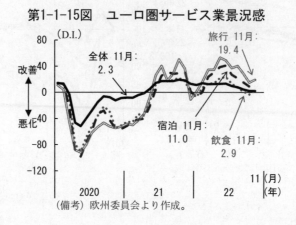

（備考）欧州委員会より作成。

（雇用は安定）

　雇用情勢について、主要国の失業率をみると、ユーロ圏と英国では2021年末頃には感染症拡大前（2020年3月）の水準を下回り、緩やかな減少傾向が続いている。アメリカも2022年夏頃までに感染症拡大前（2020年2月）とほぼ同水準まで低下した後、同水準で推移している（第1-1-16図）。このように雇用は安定しており、労働市場の引締まりを受けた名目賃金の上昇（地域別の詳細は後述の2節を参照）が消費の下支えに寄与している。

第1-1-16図　欧米の失業率

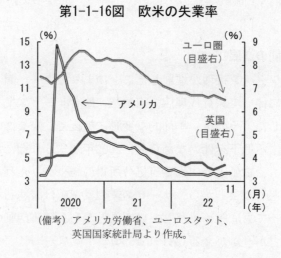

（備考）アメリカ労働省、ユーロスタット、
　　　　英国国家統計局より作成。

（感染症対策等により形成された貯蓄超過は、アメリカでは取崩しが進み消費を下支え）

　アメリカ及びユーロ圏においては、感染症対策の一環としての現金給付等の政策の下支えや消費の抑制により、家計貯蓄の増加（貯蓄超過）が2020年以降みられるようになった[16]。

　コロナ禍前（2019年）のフローの貯蓄額からのかい離を積み上げて推計した貯蓄超過ストックはアメリカにおいては2021年7－9月期にかけて約2.4兆ドル（対GDP比約12%）まで積み増されてきたが、物価上昇率が一段と上昇し始める2021年10－12月期より0.1～0.3兆ドルずつ取り崩す動きがみられており、物価上昇下にあっても堅調な消費の下支えに寄与していると考えられる。

　一方でユーロ圏においては緩やかではあるものの貯蓄超過を積み増す動きが引き続きみられ、2022年4－6月期では約1.0兆ユーロ（対GDP比約9%）まで積み増されており、また物価上昇による目減りもユーロ圏では大きいことから、消費の下支えには寄与していないものと考えられる[17]（第1-1-17図）。

第1-1-17図　主要国の家計の貯蓄超過

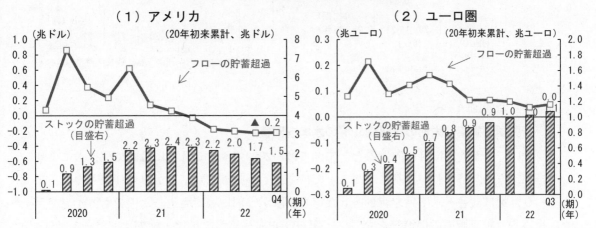

（備考）　1．アメリカ商務省、ユーロスタットより作成。
　　　　　2．貯蓄超過（フロー、ストック）の前提となる各四半期の貯蓄額は、アメリカは、家計可処分所得（年換算額）を4で除した数値と、家計最終消費支出（年換算額）を4で除した数値の差。ユーロ圏は、各四半期における家計可処分所得と家計最終消費支出の差。
　　　　　3．アメリカの各四半期の貯蓄額の前提となる家計可処分所得は、当局公表値から個人の利子支払及び経常移転支出を除いた数値を使用。

（交易条件はアメリカでは改善し所得流入、ユーロ圏では悪化し所得流出）

　他方、交易条件の改善ないし悪化の違いが回復力の違いの背景にあると考えられる。

---

[16] 詳細な分析は内閣府（2022b）参照。
[17] Aladangady, A. et al. (2022)

アメリカは2020年半ば以降、食料品やエネルギーを中心に交易条件は改善傾向にあったことに加え、2022年に入りウクライナ情勢を背景としたエネルギー価格高騰等を受けて交易条件が更に改善し、海外からの所得流入が増加した。

一方、ユーロ圏及び英国は2021年後半にはエネルギー価格上昇に伴い交易条件が既に悪化していたことに加え、2022年になりウクライナ情勢によりエネルギー価格が高騰したこと等を受けて交易条件が更に悪化し、所得流出が拡大している（第1-1-18図、第1-1-19図）。

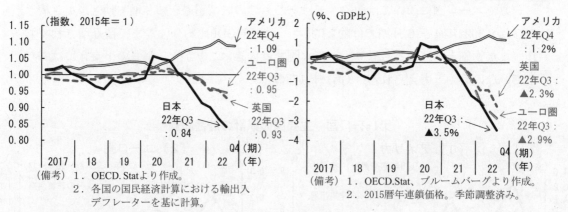

第1-1-18図　先進国の交易条件

（備考）１．OECD. Statより作成。
２．各国の国民経済計算における輸出入デフレーターを基に計算。

第1-1-19図　先進国の実質交易利得・損失

（備考）１．OECD.Stat、ブルームバーグより作成。
２．2015暦年連鎖価格。季節調整済み。

（２）新興国

（新興国は感染拡大前の実質GDP等の水準を回復）

続いて、新興国に目を向けると、中国では、2022年４－６月期には感染症拡大により一部地方の経済活動が抑制されたことで持ち直しの動きに足踏みがみられたものの、７－９月期は猛暑と水不足を背景とした電力制限が一部地域で発生した中でも、インフラ投資や自動車販売の促進等を背景に、実質GDP成長率が前年比・前期比共に＋3.9%となるなど持ち直しの動きがみられた。その後、10－12月期は感染症再拡大の影響から、輸出を含む各種指標に弱さがみられることとなり、実質GDP成長率は前年同期比＋2.9%、前期比＋0.0%と減速し、2022年通年の成長率は前年比＋3.0%にとどまった。その他の主な新興国では、いずれも７－９月期の実質GDP成長率が、インドで前年比＋5.7%、ブラジルで同＋3.6%、南アフリカで同＋4.2%となり、これらの国々の実質GDPおよび需要項目別内訳はおおむね感染症拡大前の水準を回復した（第1-1-20図、第1-1-21図）。

第1-1-20図　新興国の実質GDP

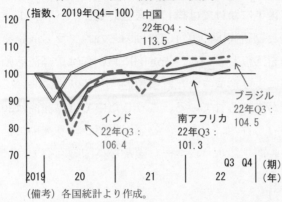

（指数、2019年Q4＝100）

中国
22年Q4：
113.5

インド
22年Q3：
106.4

南アフリカ
22年Q3：
101.3

ブラジル
22年Q3：
104.5

（備考）各国統計より作成。

第1-1-21図　新興国の実質GDP　需要項目別の動向

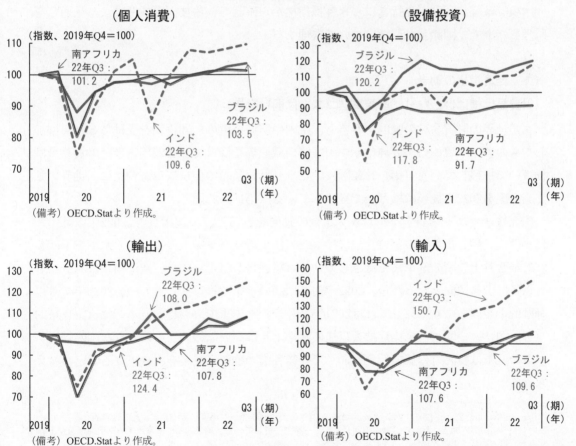

（個人消費）

（指数、2019年Q4＝100）

南アフリカ
22年Q3：
101.2

インド
22年Q3：
109.6

ブラジル
22年Q3：
103.5

（備考）OECD.Statより作成。

（設備投資）

（指数、2019年Q4＝100）

ブラジル
22年Q3：
120.2

インド
22年Q3：
117.8

南アフリカ
22年Q3：
91.7

（備考）OECD.Statより作成。

（輸出）

（指数、2019年Q4＝100）

ブラジル
22年Q3：
108.0

インド
22年Q3：
124.4

南アフリカ
22年Q3：
107.8

（備考）OECD.Statより作成。

（輸入）

（指数、2019年Q4＝100）

インド
22年Q3：
150.7

南アフリカ
22年Q3：
107.6

ブラジル
22年Q3：
109.6

（備考）OECD.Statより作成。

（3）世界経済

（世界経済は2022年後半にかけては総じて底堅い動き）

　このように先進国及び新興国の実質GDPはおおむねプラス成長を維持するとともに、感染症拡大前の水準を回復している。先進国においては、経済活動再開の継続や雇用の安定に加え、政策等により形成された貯蓄超過はアメリカにおいて消費を下支えし、欧州では物価高騰対策が進められている。こうした中で世界経済は2022年後半にかけては総じて底堅い動きがみられた。一方で、物価上昇率がより高いことと、エネルギー価格高騰に伴う交易条件の悪化により、ユーロ圏及び英国の回復力はアメリカとは異なる点には留意が必要である。

４．世界経済の先行き

　本項では経済活動の先行きにつき各種指標から確認し、主要国際機関による見通しを整理した上で、国際金融環境について整理する。

（1）経済指標の動き

（財貿易は横ばいとなり、国際輸送コストは弱い動き）

　まず世界の財貿易量の動向をみると、中国の防疫措置の一部緩和を受けて5月に増加したものの、半導体の需要鈍化や中国経済の減速等を受けて、2022年後半の財貿易量は横ばいで推移している（第1-1-22図）。こうした貿易量の伸び悩みを背景に、世界の鉱工業生産も2022年後半は横ばいで推移している（第1-1-23図）。

　国際輸送コストを表すバルチック指数の動向をみると、海運指数[18]は2022年5月下旬にかけて上昇したものの、11月末にはロシアによるウクライナ侵攻以前の水準を下回り、2021年2月上旬頃の水準まで低下している（第1-1-24（1）図）。空運指数は2021年9月以降に上昇傾向となった後、2022年前半は高い水準で推移したものの、2022年7月以降は低下傾向となり、11月末には2021年8月末の水準までおおむね低下した（第1-1-24（2）図）。いずれも感染症拡大以前の水準よりは高いものの、このような国際輸送コストの低下は貿易財の価格低下を通じて今後各国の物価上昇率を引き下げることが考えられる。

---

[18] Carrière-Swallow, Y. et al. (2022)では、1992年から2021年の間にバルチック海運指数で測定される世界的な輸送コストのショックが国内物価に与える影響を国別パネルデータで分析している。結果として、バルチック海運指数が上昇すると、輸入物価、生産者物価、消費者物価、予想インフレ率が統計的に有意に上昇することが示された。また、バルチック海運指数の上昇が各物価に与える影響は、世界的な原油価格や食料価格の上昇と同程度の大きさだが、より持続的であることが分かった。さらに、国内消費に占める輸入の割合が低い国や、インフレターゲットにより予想インフレ率がよりアンカーされている国では、バルチック海運指数上昇による各物価への影響はより小さくなった。

第1-1-22図　世界の財貿易量

第1-1-23図　世界の鉱工業生産

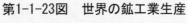
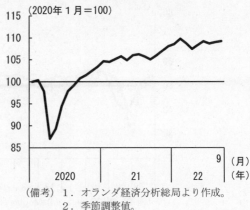

（備考）　1．オランダ経済分析総局より作成。
　　　　　2．季節調整値。

第1-1-24図　国際運送コスト（バルチック指数）

（1）海運　　　　　　　　　　　　　（2）空運

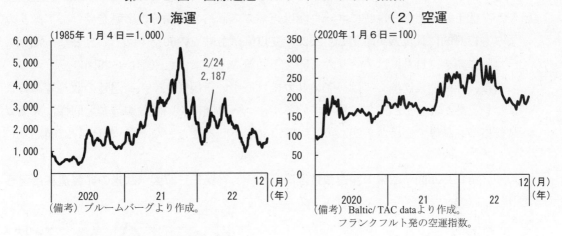

（備考）ブルームバーグより作成。

（備考）Baltic/ TAC dataより作成。
　　　　フランクフルト発の空運指数。

（マインド指標は景気の減速を示唆）

　次に、国際的な景気動向を反映するマインド指標であるグローバルPMIをみると、2022年３月以降、新規輸出受注指数（製造業）は分岐点の50を下回って推移している。また、生産指数（製造業・非製造業）は８月以降、50を下回って推移している。これらの指標の2008年のリーマンショック以降の推移をみると、OECD諸国全体でのGDPの前年同期比とおおむね一致または先行する傾向がみられている。2022年後半までは世界経済は総じてみれば底堅さがみられたものの、マインド指標が低下していることに鑑みれば、今後景気が減速する国や地域が増える可能性があると考えられる（第1-1-25図）。

第1-1-25図　グローバルPMIの推移

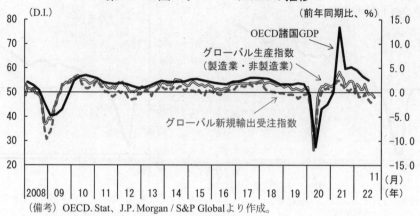

（備考）OECD. Stat、J.P. Morgan / S&P Globalより作成。

　さらに、欧米企業の景況感をみると、製造業に関しては、2021年後半には景況感は緩やかな低下基調となり、特にユーロ圏は天然ガス価格の高騰等の影響を受けてアメリカよりも相対的に景況感が悪化し、2022年夏以降は分岐点の50を下回ることとなった。ユーロ圏に続き、11月にはアメリカも50を下回ることとなった（第1-1-26図）。

　また、非製造業に関しては、アメリカでは底堅い新規受注や入荷遅延の改善等を背景に、景況感が50を上回って推移しているが、ユーロ圏においては製造業と同様に天然ガス価格の高騰等の影響から2022年夏以降は50を下回ることとなった（第1-1-27図）。

第1-1-26図　欧米の製造業景況感

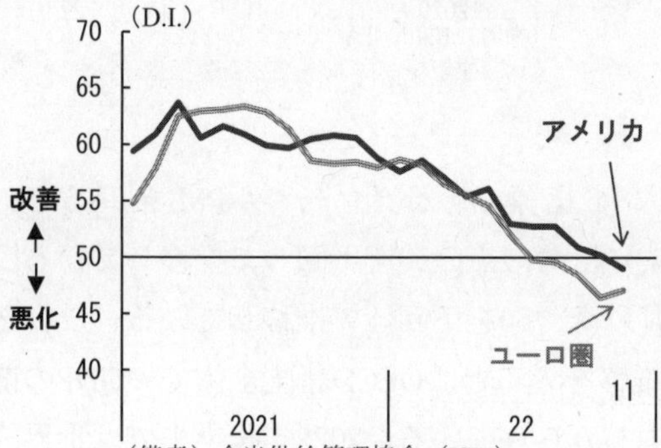

（D.I.）

改善
↑
↓
悪化

アメリカ

ユーロ圏

2021

22

11（月）
（年）

（備考）全米供給管理協会（ISM）、
　　　　S&Pグローバルより作成。

第1-1-27図　欧米の非製造業景況感

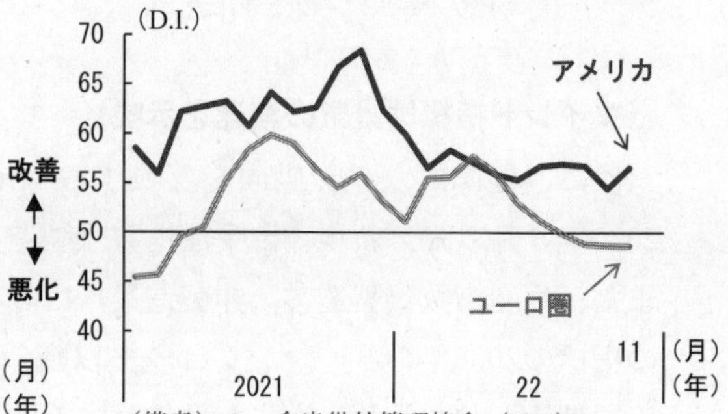

（D.I.）

改善
↑
↓
悪化

アメリカ

ユーロ圏

2021

22

11（月）
（年）

（備考）1．全米供給管理協会（ISM）、
　　　　　S&Pグローバルより作成。
　　　　2．ユーロ圏はサービス業景況感。

　他方、企業だけでなく、消費者の観点から景気の先行きを考えるために、欧米の消費者マインドをみると、アメリカでは消費者物価上昇率が夏以降は低下傾向で推移していること等を背景に、2022年後半は消費者マインドが横ばいで推移している。一方、ユー

ロ圏の消費者マインドは、消費者物価上昇率の上昇の持続を背景に、2022年を通して悪化傾向が続いている（第1-1-28図）。

第1-1-28図　欧米の消費者マインド

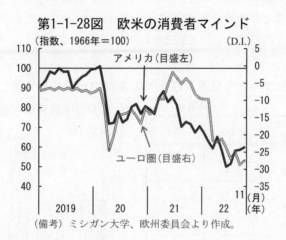

（備考）ミシガン大学、欧州委員会より作成。

（2）国際機関の見通し

（成長率見通しは下方修正から上方修正に）

　続いて、2023年の世界経済及び各国経済について、国際機関の成長率見通しをみると、物価上昇等を受けて従来の見通しから下方修正が続いていたが、IMFの最新の見通しでは英国以外は総じて上方修正された（第1-1-29表）。10月に公表されたIMF (2022d)では、(ⅰ)多くの地域における金融引締めの影響、(ⅱ)中国経済の急減速、(ⅲ)ロシアから欧州へのガス供給削減等を踏まえ、7月の見通しから2023年の成長見通しが一段と下方修正された[19]。しかし、1月に公表されたIMF (2023a)では、(ⅰ)2022年後半の予想以上に堅調であった欧米等の国内需要のキャリーオーバー効果[20]、(ⅱ)経済活動の再開による中国経済の回復、等の結果、2023年の世界全体の成長率は2.9％と、7月に公表されたIMF (2022c)と同程度まで上方修正となった[21]。なお、IMF (2022d)

---

[19] 主な国別では、(ⅰ)アメリカは、実質可処分所得の低下による個人消費の減少、速いペースでの金融引締めによる住宅投資の抑制を踏まえ、2022年見通しを0.7％ポイント引下げ、(ⅱ)ユーロ圏は、ロシアからのガス供給削減、ECBの金融引締めを踏まえ、2023年見通しを0.7％ポイント引下げ、(ⅲ)中国は、複数地域におけるロックダウン、不動産問題の悪化を踏まえ、2022年見通しを0.1％ポイント引下げ、2023年見通しを0.2％ポイント引下げとなった。
[20] キャリーオーバー効果とは、ある年の四半期のGDP水準がすべて前年10－12月期の水準と同じであったと仮定したときに、その年のGDP水準が前年の水準からどの程度増加するのかを表している。ここでは2022年後半の成長率が比較的高かったことから、2022年10－12月期の年換算GDP水準が2022年のGDP水準と比べて相対的に高く、2023年の各四半期のGDP水準が2022年10－12月期と同値であったとしても、2023年のGDP水準は2022年よりも高くなることを意味する。したがって、2022年後半のキャリーオーバー効果がある分、2023年内のGDP増加分よりも2023年の成長率は高めに計算されることとなる。
[21] IMF (2022c)の内容について詳しくは内閣府（2022b）を参照。

は、世界経済は下方リスクの方が支配的であると指摘しているが[22]、後述する脱炭素やサプライチェーン強化に向けた設備投資関連の動きについては上方リスクとしている。これに加え、IMF (2023a)は、上方リスクとして貯蓄超過を原資としたサービス消費の回復や、早期の物価上昇率低下の可能性等を指摘した上で、下方リスクの方が依然として大きいものの、その程度はIMF (2022d)よりも緩和しているとしている。

第1-1-29表　IMFによる世界及び各国の実質GDP成長率見通し（2023年1月）

（前年比、％）

	2021年 [実績]	22年	23年
世界	6.2	3.4	2.9
先進国	5.4	2.7	1.2
アメリカ	5.9	2.0	1.4
ユーロ圏	5.3	3.5	0.7
英国	7.6	4.1	▲ 0.6
日本	2.1	1.4	1.8
新興国	6.7	3.9	4.0
中国	8.4	3.0	5.2
ロシア	4.7	▲ 2.2	0.3

（2023年成長率　過去の見通しとの比較）

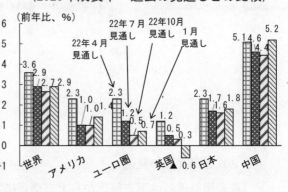

（備考）　1．IMF (2022b), IMF (2022c), IMF (2022d), IMF (2023a)より作成。
　　　　　2．先進国はG7、ユーロ圏及び以下※の国。新興国はその他の国。
　　　　　※アンドラ、オーストリア、チェコ、デンマーク、香港、アイスランド、イスラエル、韓国、マカオ、
　　　　　ニュージーランド、ノルウェー、プエルトリコ、サンマリノ、シンガポール、スウェーデン、スイス、台湾

（物価上昇率の見通しは上方修正）

　一方、IMF (2022d)においては、2022年、2023年の物価上昇率見通しが上方修正された（第1-1-30表）。その背景としては、感染症の収束に伴う需要回復、財需要から観光等のサービス需要へのリバランス、国際商品市場における食料・エネルギー価格の上昇が消費者価格に遅れて波及すること等が指摘された。また、国・地域ごとに状況は異なり、欧州ではウクライナ情勢を受けた食料・エネルギー価格の高騰が主な物価上昇要因となる一方、アジアではエネルギー及び食料価格の上昇が穏やかであることから物価上昇が欧米と比べて相対的に緩やかとしている[23]。さらに、物価安定に向けて急速な金融引締めが進む中、物価上昇率は2022年にピークを迎え、2023年は総じて低下する見込みとなっている。

---

[22] 一定の下方リスクを仮定した場合、世界経済の成長率は2023年に1.1％（ベースラインから1.5％ポイント引下げ）との試算を示した。
[23] 同じ穀物でも、ウクライナが主な輸出元である小麦と異なり、コメはウクライナ情勢下でも国際商品市場における取引価格が比較的安定している。このため、小麦を主食とする欧米と異なり、コメを主食とするアジアでは食料価格の上昇が比較的緩やかであったと考えられる。

加えて、IMF (2023a)では2022年、2023年の物価上昇率見通しがわずかながら更に上方修正されたものの、2023年以降の物価上昇率の低下要因として、需要減による国際的な原材料価格の下落、金融引締めによるインフレ抑制効果を指摘している。

第1-1-30表　IMFによる世界及び各国の消費者物価上昇率見通し（2023年1月）

（前年比、%）（2023年物価上昇率　過去の見通しとの比較）

	2021年[実績]	22年	23年
世界	4.7	8.8	6.6
先進国	3.1	7.3	4.6
アメリカ	4.7	8.1	4.0
ユーロ圏	2.6	8.3	5.7
英国	2.6	9.1	9.0
日本	▲ 0.2	2.5	2.8
新興国	5.9	9.9	8.1
中国	0.9	2.2	2.2
インド	5.5	6.9	5.1
ブラジル	8.3	9.4	4.7
南アフリカ	4.6	6.7	5.1

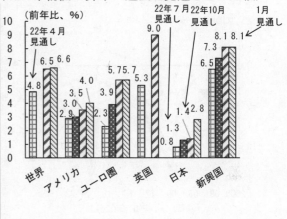

（備考）1．IMF (2022b), IMF (2022c), IMF (2022d), IMF (2023a)より作成。
　　　　2．先進国はG7、ユーロ圏及び以下※の国。
　　　　　新興国はその他の国。
　　　　　※アンドラ、オーストリア、チェコ、デンマーク、香港、アイスランド、イスラエル、韓国、マカオ、ニュージーランド、ノルウェー、プエルトリコ、サンマリノ、シンガポール、スウェーデン、スイス、台湾
　　　　3．左表中、太字は2023年1月見通し、その他は10月見通しの値。日本の2022年はIMF (2023b)の値。

（財政収支GDP比は改善し、政府債務残高GDP比は上昇が抑えられる見通し）

各国の財政収支と政府債務残高の対GDP比をみると、2022年は景気回復と感染症対応のための大規模な財政支援の縮小等[24]を背景に財政収支対GDP比が改善し、政府債務残高対GDP比も上昇が抑えられると見込まれている。2023年以降も多くの国で財政面の改善が見込まれている（第1-1-31図、第1-1-32図）。

他方、先進国、新興国を問わず一部の国々では、2023年には金利上昇や成長率の低下を受けて財政収支対GDP比の悪化や政府債務残高対GDP比の上昇が見込まれている。こうした状況を受けて、IMF (2022a)では財政健全化が物価安定に向けた強いシグナルになるとの立場から、物価上昇率が高い国においては財政政策のターゲットを絞るなどの

---

[24] IMF (2022a)では、これらに加え、予想以上のインフレの加速により、インフレ見通しと実現値とのかい離によって（歳出額の調整にラグが生じる一方、歳入額は名目ベースで増加するため）短期的に財政収支にはプラスの効果が生じたことを指摘したうえで、短期的な歳入増に甘んじることなく、財政支援のターゲットを絞るなどの歳出削減が重要としている。

取組を通した歳出削減により[25]、財政規律を取り戻すことが重要としている。また、財政健全化による早期の物価安定は中央銀行による将来の利上げ幅を小幅に抑え、金融引締めの景気抑制効果を緩和することにつながるとしている。

第1-1-31図　IMFによる各国の財政収支見通し（対GDP比）

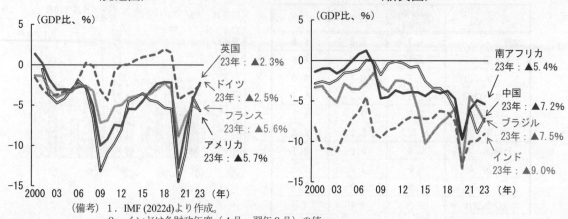

（備考）　1．IMF (2022d)より作成。
　　　　　2．インドは各財政年度（4月〜翌年3月）の値。
　　　　　3．中国、インドの2021年値は見通し作成時点の見込み。

第1-1-32図　IMFによる各国の政府債務残高見通し（対GDP比）

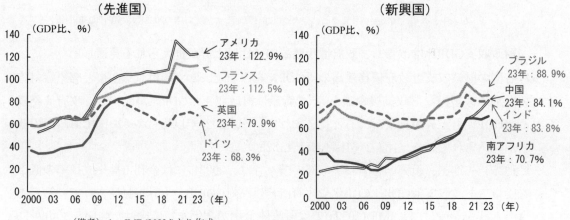

（備考）　1．IMF (2022d)より作成。
　　　　　2．インドは各財政年度（4月〜翌年3月）の値。
　　　　　3．中国、インドの2021年値は見通し作成時点の見込み。

[25] IMF (2022a)では、物価上昇は人件費等の増加圧力となり、いずれは歳出も増加するため、物価上昇に伴う短期的な歳入増をあてにした財政運営は望ましくないとしている。また、長期化する供給制約や広範な物価上昇に際して、価格規制や補助金、減税等による物価抑制は財政負担が大きく、中長期的に効果的ではないとしている。

（3）国際金融環境

（為替相場は金利動向等を反映しドル高基調が続いた後、反転ドル安の動きへ）

　最後に、国際金融環境について整理する。

　まず為替相場の状況をみてみる。先進国通貨はFRBが連続して大幅利上げを実施したこと等の影響もあり2022年３月頃から10月頃にかけて対ドルで減価傾向となったが、11月に入るとアメリカが利上げペースを緩めるとの見方等から対ドルで各国通貨高の傾向となった（第1-1-33図）。

　新興国通貨はFRBが連続して大幅利上げを実施したこと等の影響もあり、2022年６月以降、一部の国を除き対ドルで減価傾向となった。

　資源国通貨については、2022年７月以降、ブラジルやメキシコの為替相場は対ドルで一定の水準を維持している一方、インドネシアと南アフリカの為替相場は引き続き対ドルで減価傾向が続いており、資源国の中でも為替相場の動向に国ごとの違いがみられる。ブラジルは、新興国の中では比較的早期の2021年３月に利上げを開始し、2022年８月までに累計で11.75％ポイントの利上げを行い（第1-1-34図）、物価上昇率が低下[26]したこと等から通貨レアルの対ドル為替相場の水準が維持されたとみられる。また、メキシコは、ブラジルより３か月遅れたものの、比較的早い時期に利上げを始め、2022年11月までに累計で6.00％ポイントの利上げを行っている。さらに、メキシコはアメリカへの輸出が輸出総数量の８割を占め、アメリカへの貿易依存度が高く、アメリカの需要が引き続き堅調であること等から通貨ペソの対ドル為替相場の水準が維持されたとみられる。

　非資源国通貨については、2022年８月に入ると各国の利上げの効果もあり通貨安が一服したものの、2022年９月以降、再び対ドルで減価傾向に戻った。これは、非資源国の利上げ幅は、先進国（特にアメリカ）や資源国（ブラジル、メキシコ等）に比べると、限定的であること等が一因とみられる（第1-1-34図）。なお、11月に入るとアメリカが利上げペースを緩めるとの見方に加えて、各国中央銀行自身が景気にも配慮しながら利上げを続ける意向が強いとの見方から、対ドルで各国通貨高の傾向にある。

---

[26] ブラジルの消費者物価上昇率は、2022年４月に前年比12.1％まで上昇した後に上昇率は低下傾向となり、10月には同6.5％まで低下した。

第1-1-33図　先進国、新興国の為替相場（推移）

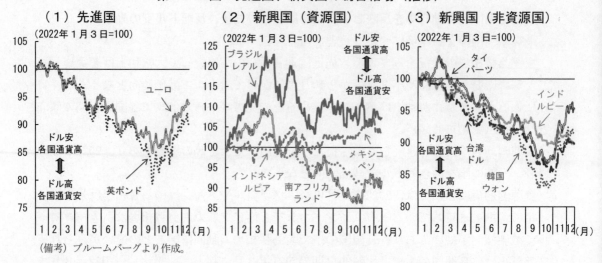

（１）先進国
（2022年1月3日=100）

（２）新興国（資源国）
（2022年1月3日=100）

（３）新興国（非資源国）
（2022年1月3日=100）

（備考）ブルームバーグより作成。

第1-1-34図　先進国、新興国の政策金利（推移）

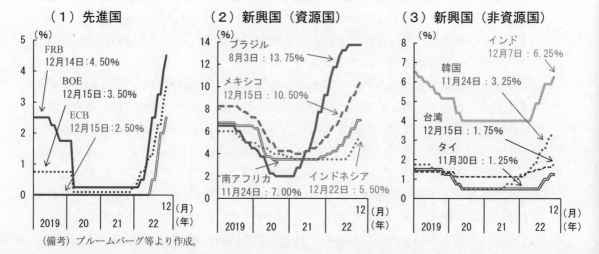

（１）先進国

（２）新興国（資源国）

（３）新興国（非資源国）

（備考）ブルームバーグ等より作成。

（資金流出が非資源国で続いた後、方向性に欠ける動き）

　続いて、資金流出入の状況をみてみる。新興国における資金流出の背景には、世界的な物価上昇、それを受けた各国の急速な金融引締めや、新興国経済のファンダメンタルズ（基礎的条件）[27]等の要因が影響していると考えられる。

　2022年は、2月のロシアによるウクライナ侵攻後は、非資源国からの一貫した資金流出超過がみられたが、8月以降は流出入について一貫した方向性はみられない（第1-1-35図）。

---

[27] 内閣府（2022b）参照。

第1-1-35図 資金流出入の状況（2019年1月以降（月次））

（1）資源国

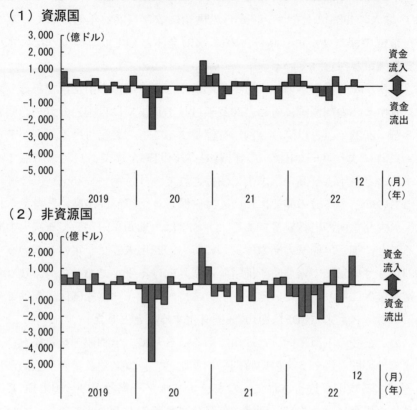

（2）非資源国

（備考）　1．IIF（国際金融協会）より作成（12月12日までのデータ）。
　　　　　2．資源国：インドネシア、南アフリカ、ブラジル、カタール、サウジアラビア、メキシコ。
　　　　　3．非資源国：インド、韓国、タイ、フィリピン、ベトナム、台湾、トルコ、スリランカ、パキスタン。

5．エネルギー確保・価格高騰対策と脱炭素に向けた取組の進展

　ロシアによるウクライナ侵攻は原油や天然ガスといったエネルギー価格の高騰を招くとともに、欧州においてはロシアからの天然ガス供給が滞るなど経済活動の基盤そのものが脅かされる事態となった。そのために地球温暖化対策の観点から脱炭素に向けて進められてきた再生可能エネルギーの供給拡大については、エネルギー自給率を高めるといった経済安全保障の観点からも重要な課題となった。

　本項では、欧州におけるエネルギー確保と消費削減、及びエネルギー価格高騰に対する欧州主要国等の価格抑制策や低所得者向けの給付といった短期的対応を整理した後、脱炭素に向けた欧米各国の政府及び民間による取組状況を紹介する。

（１）欧州におけるエネルギー確保と消費削減

（欧州ではエネルギーの備蓄、火力発電所の再稼働等と消費削減に同時に取り組む）

　EUは、ガス輸入の40％以上をロシアからの供給に依存（2021年値）していることからエネルギー危機の深刻度がより高いために、EU全体として以下のようなエネルギー確保及び消費削減策が採られている。

　一つ目は、エネルギー需要が増加する冬季に備えたガス備蓄の引上げである。ガス地下貯蔵施設を有する18の加盟国に対し、2022年11月１日までに自国内のガス貯蔵施設の備蓄上限の８割（2023年11月以降は９割）を備蓄することを義務付ける規則が７月より施行された。これによりユーロ圏のガス貯蔵レベルはEU全体では11月末時点で95％程度まで上昇するなど例年より高い水準まで備蓄されており（第1-1-36図）、今後の天候条件にもよるものの、今冬分の需要については確保された可能性が高いと考えられる。

　二つ目は、火力発電所の再稼働等である。ドイツは、期間を限定して石炭火力発電所を稼働させることに加え、原子力発電所についても2022年末停止予定の３基のうち２基について2023年４月中旬まで緊急時予備電源に振り向ける予定であったが、残りの１基も追加し、電源確保に取り組んでいる。フランスはエネルギー供給確保に向けて経営権拡大のためにフランス電力（EDF）を100％国有化することとした。

　三つ目は、ガス消費の削減に向けた取組である。８月に、全加盟国を対象とし、2023年３月31日までの期間、過去５年の同時期平均と比べて、ガス消費量を自主的に15％削減するよう要請する規則が施行された。なお、エネルギー需給がひっ迫しEUレベルの警報が発動された場合にはこの15％削減は義務化されることとなっている。また、ドイツ及びフランス等は公共のビルの暖房の設定温度を最高19度に設定するとともに、街灯の点灯時間の制限等を実施するなどのエネルギー消費の抑制に努めている。

第1-1-36図　EUのガス貯蔵レベルの推移　（2022年12月７日時点）

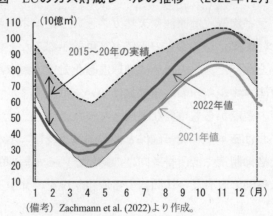

（備考）Zachmann et al. (2022)より作成。

（2）各国の短期的なエネルギー価格高騰対策

続いて、エネルギー価格高騰に対する短期的な対応策を確認する。

欧州主要国においては、各国の制度や状況等によって異なるが、特に今夏以降、エネルギー価格の高騰を受けた緊急措置として、エネルギー価格の抑制や、家計の実質所得が目減りすることを防ぐための低所得者向けを中心とした給付を積極化した。また、企業向けにも特に燃料価格上昇の影響が大きい事業分野を中心に支援を行っている。

（家計向けにはエネルギー価格の抑制と低所得者向け給付を組み合わせている）

家計向けの支援としては第1-1-37表のように、ドイツでは、2023年から全世帯に対し、一定量まで電気・ガスを定額で利用可能にし、それ以上は市場実勢価格を適用する二階層方式（two-tier pricing system）の料金ブレーキ制度を導入する予定である。低所得者対策としては、1世帯当たり約5.8万円以上の暖房費の補助を一時金として9月から支給している。

英国では、10月から消費者に対し、約6.6万円相当の電力料金の減額を実施している。また、10月から1年半の間、家計向けの電気・ガス料金に上限を設定し、2023年度の平均世帯の年間エネルギー支出が約8万円節約可能となる見込みとなっている。

フランスでは、燃料価格の割引やガス料金凍結措置を2022年末まで延長し、2023年に入って以降は電気・ガス料金の上昇率を抑制する方針としている。低所得者対策としては、一時金として、大人1人当たり約1.4万円、子供1人当たり約0.7万円のインフレ手当を9月から支給しているほか、石油代として約1.4万円分のバウチャーによる暖房手当を11月から支給している。また、約1.4万円の光熱費補助手当の対象を2023年には約1,200万世帯に倍増させる予定となっている。

なお、アメリカでは、州独自の取組として物価高騰対策が行われているところ、例えば、カリフォルニア州においては、1人当たり最大で約4.8万円の還付金を10月から支給を開始している。

（企業向けにもエネルギー価格の抑制とともに、融資等を実施）

企業向けの支援としては第1-1-38表のように、ドイツでは、2023年から中小企業に対し、家計向けと同様に料金ブレーキ制度を導入する予定である。また、ウクライナ情勢の影響を受けた企業に対し、その運転資金として、低金利の融資を実施している。

英国では、10月から6か月間、企業（公的も含む）に対してガス、電気の卸売価格の割引を実施するとともに、エネルギー価格の高騰に直面しているエネルギー関連企業に

対して流動性供給をBOEと共同で実施することとしている。

　フランスでは、年末まで一定の要件を満たす企業に対して燃料費増加分の5割を国が補填し、政府保証付融資及び電気・ガス料金凍結措置を延長するとともに、年明け以降は電気・ガス料金の上昇率を抑制する方針としている。

第1-1-37表　主要国の物価高騰対策（家計向け）

国名	パッケージ	対策内容
ドイツ	エネルギー価格高騰への対策パッケージⅢ 総額：650億ユーロ（約9.1兆円） ロシアの侵攻が及ぼす影響に対する経済防御 総額：2千億ユーロ（約28兆円） [2022年9月公表] ※右欄は主要な施策	【電力・ガス料金ブレーキ】 期間：2023年1月～2024年4月（※ガス料金は3月頃～） 対象：全世帯（中小企業を含む） 支給額：前年消費量の80%を上限に1キロワット時40セント（約58円）（電気代）、12セント（約17円）（ガス代）で使用可能。 ※工業については、前年消費量の70%を上限に1キロワット時13セント（約18円）（電気代）、7セント（約10円）（ガス代）で使用可能。 【暖房費の補助】（一時金） 期間：2022年9月支給開始 対象：住宅手当受給者 支給額：単身世帯415ユーロ（約5.8万円）、二人世帯540ユーロ（約7.5万円） ※一人増えるごとに100ユーロ（約1.4万円）を追加で支給
英国	生活費支援パッケージ 総額：167億ポンド（約2.8兆円） [2022年5月公表] その他生活費支援策 総額：113億ポンド（約1.9兆円） [2022年9月公表] エネルギー価格保証 総額：376億ポンド（約6.3兆円） [2022年9月公表] ※金額は中期財政計画（11月公表）より（2022年度及び23年度分の合計）	【エネルギー価格高騰に伴う家計支援】2022年の一回のみ。 期間：2022年10月～ 対象：全世帯 割引額：400ポンド（約6.6万円） 【その他の生活費支援】2023年の一回のみ。 対象：低所得世帯900ポンド（約15万円）支給 　　　年金者世帯300ポンド（約5万円）　〃 　　　障害者手当150ポンド（約2.5万円）増加 【家計向けエネルギー料金の上限を設定】 期間：2022年10月1日より1年半の期間 対象：全世帯 効果：2023年4月1日～2024年3月31日の1年間で世帯当たり約500ポンド（約8万円）節約可能。 ※上限を市場実勢対比で大幅抑制して設定（本来は10月より1,971ポンド（約33万円）から3,549ポンド（約59万円）への上限の引上げが予定されていたもの。） ～2023年3月31日：年間2,500ポンド（約42万円） 2023年4月1日～2024年3月31日：同3,000ポンド（約50万円）設定。
フランス	購買力支援政策パッケージ 総額：200億ユーロ（約2.8兆円） [2022年8月公表]	【燃料価格の割引】 期間：2022年末まで 割引額：9～11月中旬は0.3ユーロ（約42円） 　　　　11月下旬～12月は0.1ユーロ（約14円） 　　　　※ガソリン1L当たり 【ガス料金凍結措置の延長】 期間：2022年末まで 対象：一般家庭及び小規模企業 【ガス料金上昇率の抑制】 期間：2023年1月～ 対象：一般家庭及び小規模企業 効果：料金上昇率の抑制（15%） 【電気料金上昇率の抑制】 期間：2023年1月末まで（4%） 　　　2023年2月～（15%） 対象：一般家庭及び小規模企業 【インフレ手当】（一時金） 期間：2022年9月支給開始 対象：生活保護等受給世帯、奨学金受給者（約800万世帯） 支給額：大人1人につき100ユーロ（約1.4万円）、子ども1人につき50ユーロ（約0.7万円） ※食料費補助を目的に支給 【暖房手当】（一時金） 期間：2022年11月支給開始 対象：約160万世帯（過去のバウチャーの利用者が対象、申請により拡大） 支給額：①100ユーロ（約1.4万円） 　　　　②200ユーロ（約2.8万円） ※世帯あたり課税所得（①10,800以上20,000ユーロ未満（約150万円以上280万円未満）、②10,800ユーロ未満（約150万円未満））に応じ、石油代として上記相当額のバウチャーを支給。 【光熱費補助手当】（年1回支給） 期間：2022年12月支給開始 対象：①約600万世帯（低所得者世帯） 　　　②約600万世帯（特に貧困度の高い世帯） 　　　※合わせて全世帯の40%に相当 支給額：①100ユーロ（約1.4万円） 　　　　②200ユーロ（約2.8万円）
アメリカ	各州独自の取組 [2022年6月公表]	（カリフォルニア州の場合） 【中間層以下への税還付】 期間：2022年10月支給開始 対象：中間層以下 支給額：最大350ドル（約4.8万円）※単身者の場合

（備考）1．各国政府より作成。
　　　　2．2022年12月9日時点。
　　　　3．円換算は2022年7月期中平均為替レート。

第1-1-38表　主要国の物価高騰対策（企業向け）

国名	対策内容
ドイツ	【電力・ガス料金ブレーキ】 期間：2023年1月～2024年4月（※ガス料金は3月頃～） 対象：全世帯（中小企業を含む） 支給額：前年消費量の80%を上限に1キロワット時40セント（約58円）（電気代）、12セント（約17円）（ガス代）で使用可能。 ※工業については、前年消費量の70%を上限に1キロワット時13セント（約18円）（電気代）、7セント（約10円）（ガス代）で使用可能。 【KfW（ドイツ復興金融公庫）ローンプログラム】 期間：2022年末まで 対象：ウクライナ情勢の影響を受けた企業 内容：運転資金等に対し、低金利の融資を実施。
英国	【企業向けのエネルギー料金の割引】 期間：2022年10月から6か月間 内容：公的も含む企業セクターに対しガス、電気の卸売価格の割引を実施。 【エネルギー企業への流動性供給】 期間：2022年10月17日から2023年1月27日まで申請受付 内容：エネルギー価格の高騰に直面しているエネルギー企業に対して（財務省及びBOEによる審査を経て）BOEより流動性を提供。
フランス	【エネルギー費用の補填】 期間：2022年末まで 内容：電気・ガスの燃料費が売上の3%以上で、2022年に営業損失の計上が予想される企業に対し、2022年3～12月の間、前年からの燃料費増加分の5割を国が補てん。上限5000万ユーロ（約70億円）。 【政府保証付融資の延長】 期間：2022年末まで 内容：新型コロナ危機下で導入した政府保証付融資の融資額上限を引上げ（年間売上高の25%→同35%、2022年6月末まで）。融資上限額を引き上げ前（年間売上高の25%）に戻した上で、2022年6月末終了予定だった同制度を2022年末まで延長。 【ガス料金凍結措置の延長】 期間：2022年末まで 対象：一般家庭及び小規模企業 【ガス料金上昇率の抑制】 期間：2023年1月～ 対象：一般家庭及び小規模企業 効果：料金上昇率の抑制（15%） 【電気料金上昇率の抑制】 期間：2023年1月末まで（4%） 　　　2023年2月～（15%） 対象：一般家庭及び小規模企業

（備考）1．各国政府より作成。
　　　　2．2022年11月28日時点。
　　　　3．円換算は2022年7月期中平均為替レート。

（エネルギー需要の抑制と所得の下支えのバランスが課題）

　エネルギー価格高騰対策については、前述のドイツの料金ブレーキ制度を例に取ると、二階層方式（two-tier pricing system）となっているため、単純にエネルギー料金の上昇

率を一定比率に抑制する場合と比べ需要を抑制する効果が高いと考えられており[28]、価格シグナルによる需要抑制と所得下支えの適切なバランスを図ることが意図されていると考えられる。

　このようなエネルギー価格高騰対策の適切なバランスを図ることの重要性についてはユーロ圏内でも共有されている。12月5日に開催されたユーロ圏財務相会合は、ユーロ圏各国の2022年のエネルギー価格高騰対策は域内GDPの1.3%に相当し、その大半が所得要件等を課さないエネルギー価格抑制策であると指摘している。また、2023年における対策は同0.9%に達すると推定され、措置の拡充や延長次第で更に大幅に上昇するとの懸念を示している。このため、同会合は、財政の持続可能性に配慮したより効率的な措置として、脆弱な世帯と一時的に危険にさらされている存続可能な企業に対象を限定した措置を、2023年に検討するとしている。具体的にはユーロ加盟国に対し、対象を絞り、各国の特性を反映した二階層方式等の検討を要請している。

（3）脱炭素に向けた政府と民間の取組
（脱炭素に向けた政府の取組は進展）

　各国政府は同時に、中長期的な視点に立って脱炭素に向けた取組を進めている。

　EUは、2030年温室効果ガス削減目標達成に向けた政策パッケージである「Fit for 55」に基づく取組として、年間排出枠の引下げによるEU排出量取引制度の強化等の施策を推進している。また、ウクライナ情勢を受けて欧州委員会が2022年3月に公表した「REPowerEU」計画に基づきガス供給源を多様化するとともに、2022年末までにEUのロシアのガスに対する需要を3分の2削減することを目指している。なお、10月に開催されたEU経済財政閣僚理事会（ECOFIN）において、復興・強靱化計画[29]にREPowerEUに関する章も追加することが合意された。これによりREPowerEUに充てられる各計画に含まれる金額の一部について事前融資が行われることとなる。

　特に、ドイツは2022年4月に策定した新エネルギー戦略「イースターパッケージ」において、太陽光発電の増強等を通じ再生可能エネルギーが電力消費に占める比率（2021年時点で約42%）を2030年には80%、さらに2035年にはほぼ100%に引き上げるなどの目標を示しており、7月には同戦略に基づいて再生可能エネルギー法等の関連法を改正した。

　アメリカにおいては、バイデン政権が2021年4月に議会に提案した「米国家族計画」

---

[28] ドイツ連邦議会によれば、この救済措置は、一定の基本枠を超える消費に対して、省エネのインセンティブを維持し続けるように設計されているとしている。

[29] EU加盟各国のコロナ危機からの経済復興と構造改革を促進するための計画。各国は復興・強靱化計画を作成し、欧州委員会の承認を得ることにより、経済規模等の指標を元に定められた国別割当額の範囲内でEUから資金提供を受けることができる（詳細は、内閣府（2021）の1章2節参照）。

等を受け246兆円（1.8兆ドル）規模の「ビルド・バック・ベター法案」が作成されたが、与党内の調整が難航し、2022年8月になって規模を縮小させる形で「インフレ抑制法」が成立した（第1-1-39表）。本法の歳出総額は10年間で59.2兆円（4,330億ドル）となるが、そのうち約85%の50.4兆円（3,690億ドル）がエネルギー関連政策及び気候変動対策に充てられることとなった。エネルギー省は、インフレ削減法に盛り込まれた気候変動対策によって、他の政策との連携により、2030年までに温室効果ガス排出量を40%削減できると試算している[30]。

　本法における歳出の内訳をみると、エネルギー安全保障とクリーンエネルギー国産化のために太陽光パネル、ウインドタービンや蓄電池等の国内生産促進のための税額控除（総額4.1兆円（300億ドル））や、脱炭素政策として州政府や電力会社等のクリーンエネルギー転換促進に係る補助金及びローン（総額4.1兆円（300億ドル））等が盛り込まれている。なお、本法における歳入総額は10年間で101兆円（7,390億ドル）と見込まれ、内訳は大企業に対する法人最低税率の適用（42.8兆円（3,130億ドル））、メディケアに係る処方制度改革（39.4兆円（2,880億ドル））等となっており、41兆円（3,000億ドル）超の財政赤字削減を通じてインフレ抑制に寄与することとなる[31]。

---

[30] United States Department of Energy（2022）
[31] 一方で議会予算局（CBO）は、同法が2022年のインフレ率に及ぼす影響は無視し得るものであり、2023年のインフレ率への影響も▲0.1%〜＋0.1%と見込んでいる。

第1-1-39表　アメリカ：インフレ抑制法（Inflation Reduction act of 2022）

エネルギー政策、気候変動対策の主な内容

○ 低所得者のエネルギーコストの低減
  ✓ 低所得者の住宅設備の電化やエネルギー効率化に係る費用の払戻し（総額90億ドル（約1.2兆円））
  ✓ 世帯の太陽光パネル設置や空調設備の電化等に係る税額控除
  ✓ 中・低所得者のクリーン自動車購入に係る税額控除
          （新車7,500ドル（約102万円）/台、中古車4,000ドル（約55万円）/台）

○ エネルギー安全保障とクリーンエネルギーの国産化
  ✓ 太陽光パネル、ウインドタービン、蓄電池等の国内生産促進のための税額控除（総額300億ドル（約4.1兆円））
  ✓ 太陽光パネル、ウインドタービン、電気自動車等の生産施設の整備に係る税額控除（同100億ドル（約1.4兆円））
  ✓ 既存の自動車工場へのクリーン自動車生産設備導入等に係る補助金制度（同20億ドル（約0.3兆円））
  ✓ 自動車工場新設ローン（同200億ドル（約2.7兆円））

○ 脱炭素政策
  ✓ 州政府や電力会社等のクリーンエネルギー転換促進に係る補助金及びローン（総額300億ドル（約4.1兆円））
  ✓ 政府の設備・備品調達等におけるクリーンエネルギー製品の積極購入（同90億ドル（約1.2兆円））
  ✓ 農村部等のクリーンエネルギー導入支援の拡充（同270億ドル（約3.7兆円））

○ コミュニティへの投資
  ✓ 港湾のゼロ排出設備・技術等の購入支援（総額30億ドル（約0.4兆円））
  ✓ 高排出車両（スクールバス、乗合バス、ごみ収集車等）のクリーン化（同10億ドル（約0.1兆円））

○ 農業、林業等の支援
  ✓ スマート農業の支援（総額200億ドル（約2.7兆円））
  ✓ 森林火災の防止、森林保護、都市の植樹等（同50億ドル（約0.7兆円））
  ✓ バイオ燃料の生産や、バイオ燃料生産施設の整備に係る税額控除及び補助金

（備考）　1．上院民主党公表資料より作成。
　　　　　2．円換算は2022年7月期中平均為替レート。

主な財源と歳入見込み額

項目	金額
○ 大企業に対する法人最低税率の適用 　✓ 年間利益10億ドル（約0.1兆円）以上の大企業に対する、各種控除等に優先する法人税最低税率（15%）の適用	3,130億ドル（約42.8兆円）
○ メディケアに係る処方制度改革 　✓ メディケア対象処方薬の購入に係る利用者自己負担額の年間上限の導入 　　（1人当たり2,000ドル（約27.3万円）） 　✓ メディケア対象処方薬に係るインフレ払戻し制度の導入 　　（製薬会社がメディケア対象処方薬について値上げを行った場合、インフレに起因する値上げを上回る部分を払い戻すことを義務付け） 　✓ メディケア対象処方薬の購入補助の対象者拡大 　✓ メディケアに係るリベートルール の凍結 　✓ メディケア対象処方薬の価格設定に関する政府の直接交渉権の導入	2,880億ドル（約39.4兆円）
○ IRS（内国歳入庁）の体制整備 　✓ 納税者のサポートの強化や老朽化したシステムの更改等によるIRSの税務執行機能の強化	1,240億ドル（約17兆円）※
○ 繰越利益に係る課税の抜け穴の整備	140億ドル（約1.9兆円）

（備考）　1．上院民主党公表資料より作成。
　　　　　2．上記いずれの施策に関しても、<u>小規模事業者や年収40万ドル（約0.5億円）未満の者に対する増税は一切ないとされている。</u>
　　　　　3．円換算は2022年7月期中平均為替レート。
　　　　　4．体制整備に係る費用800億ドル（約10.9兆円）と歳入増加2,040億ドル（約27.9兆円）の差額。

（脱炭素に向けた企業の投資は引き続き堅調に推移する見込み）

　脱炭素の取組を進めるためには、積極的な環境関連の設備投資が必要である。例えばドイツ商工会議所が2022年４月に行ったアンケート調査（第1-1-40表）[32]では「環境保護」を理由としたドイツ企業の国内投資はロシアによるウクライナ侵攻前後では大きな変化はみられておらず、脱炭素に向けた取組を含めた環境保護投資は引き続き堅調に推移すると見込まれる。

第1-1-40表　ドイツ企業の国内投資のきっかけ（複数回答、％）

（複数回答、％）

項目	全業種		工業		建設		貿易		サービス	
	回答率	前回比	回答率	前回比	回答率	前回比	回答率	前回比	回答率	前回比
合理化	31	0	41	▲1	23	1	29	1	26	▲1
生産イノベーション	29	▲2	32	▲4	20	1	24	▲2	29	▲3
規模拡大	25	▲3	32	▲3	19	▲3	22	▲3	23	▲2
環境保護	28	1	36	1	25	2	26	1	24	0
リプレース（取替）需要	65	2	64	1	79	1	64	0	64	2

（備考）　1．ドイツ商工会議所資料より作成。
　　　　　2．調査実施時期は2022年４月。
　　　　　3．調査対象はドイツ国内の企業。業種の内訳は産業（27％）建設（6％）貿易（22％）サービス業（45％）。
　　　　　4．回答数は約25,000件。

（短期的なエネルギー対策と脱炭素の取組の双方を実施する必要）

　IEAのビロル事務総長は、これまでの脱炭素投資が十分ではなかったことが今回のエネルギー危機の背景にあるとの認識の下、「クリーンエネルギーへの大規模な投資は、将来のエネルギー安全保障を保証する最良の方法である」と指摘している。一方で「今日のエネルギー危機への対応と気候危機への取組のいずれかの選択ではなく、（両者は密接に関連していることから）両方を実行する必要がある」と現在の短期的なエネルギー対策及び各抑制策等への理解を示している[33]。

　上述のとおり欧州各国は現在、短期的なエネルギー確保及び消費削減に取り組むとともに、エネルギー価格抑制策についてはより効果的な政策となるよう改善を進めている。これらについては経済活動そのものを当面維持するためにも実施する必要がある。

　一方で脱炭素に向けた取組は複数のエネルギー調達手段の確保につながり、特定地域に遍在する化石燃料の価格変動によるエネルギー価格全体の変動のリスクを減少させ、これにより物価安定及び経済活動の安定化にも寄与すると考えられることからも、脱炭素の取組は積極的に推進される必要がある。

---

[32] DIHK (2022)
[33] Birol (2022)を参照。

6．サプライチェーンの強化に向けた動き：半導体を例に

　サプライチェーンに関する問題については、内閣府（2021）において、輸入先が特定の国に頼る傾向が強まれば、供給ショック等のリスク対応がより困難になることから、リスクに対する備えが重要との問題意識が感染症拡大を受けてより明確になったと指摘されている。

　本項では、サプライチェーン上の重要分野となっている半導体に焦点を当て、欧米における半導体生産におけるサプライチェーンの強化に向けた政府及び民間による取組を概観する。

（アメリカでは「CHIPS及び科学法」が成立）

　アメリカでは、2021年2月の「アメリカのサプライチェーンに関する大統領令」を受け、同年6月、サプライチェーンにおけるリスクの特定及びそれに対する政策提言をとりまとめた報告書をホワイトハウスが公表した。報告書では重要4分野[34]のうちの半導体については、アメリカはその生産を2019年時点で台湾に20％、韓国19％、日本17％、中国16％等、東アジアに依存していること、また最も先進的な半導体の製造には数十億ドルの投資が必要であること等を指摘した。その上で、産業界と連携した投資の促進、同盟国等との多様なサプライチェーン構築、製造業企業（特に中小企業）における研究開発のための資金調達を支援すること等を提言した。

　上記報告書を受けて法整備が進められてきたが、2022年8月に連邦議会は「CHIPS[35]及び科学法」を可決した[36]。その主な内容は以下のとおり商務省所管の半導体製造インセンティブ事業や研究開発事業となるが、国防総省の事業も一部含まれている。

（ⅰ）商務省製造インセンティブ（5.3兆円（390億ドル））：半導体の製造、試験、先端パッケージング、研究開発のための国内施設・装置の建設、拡張または現代化に対する資金援助。うち、0.3兆円（20億ドル）は成熟分野の半導体に対して、0.8兆円（60億ドル）は直接融資または融資保証に使用可能。

（ⅱ）商務省研究開発（1.5兆円（110億ドル））：商務省管轄の半導体関連の研究開発プログラムへの予算充当。

（ⅲ）その他（0.4兆円（27億ドル））：労働力開発や国際的な半導体サプライチェー

---

[34] 半導体製造及び先端パッケージング、電気自動車用等向けの大容量バッテリー、重要な鉱物及び材料、医薬品及び医薬品原料

[35] Creating Helpful Incentives to Produce Semiconductors（半導体製造に向けての有益なインセンティブの創設）の略。

[36] 本法は2021年1月に成立した「アメリカのためのCHIPS法」において承認された事業を実施するために必要な予算権限を付与するものである。

ン強化の取組、国防総省主導の半導体関連事業者等のネットワーキング事業への予算充当。

　このうち設備投資に直接結びつくものは（i）の商務省製造インセンティブの5.3兆円（390億ドル）と見込まれるが、後述するように本法の成立を受けて民間企業によるアメリカ国内における設備投資が活発となっており、予算規模を超えた投資誘発効果が今後期待される。

　本法に定められた半導体製造支援関連の予算措置の規模は2022予算年度から2027予算年度の5年間で7.2兆円（527億ドル）となり、CBO（議会予算局）によると2023予算年度から2031予算年度にかけて毎年約0.3兆円（20億ドル）から1.2兆円（90億ドル）程度の規模で支出されると見込まれている。

（アメリカ国内では半導体工場の新設が広域的に進む見込み）

　アメリカでは、CHIPS及び科学法の成立を受けて、半導体工場の国内全域への新設の動きが活発となっている（第1-1-41表）。投資規模は約0.3兆円（20億ドル）から 約5.5兆円（400億ドル）、直接雇用は700人から9,000人程度と幅があるものの、この中には州内で初となる半導体工場の新設や、地元の大学との産学連携による案件も含まれており、国内における半導体供給能力の強化のみならず、国土全体での人的資本や社会インフラの活用による地域間の格差の是正に資するものともなっている。また、投資規模についても更に拡大する方針が一部の事業では示されており、地域内における工場新設も更に増やす計画があるなど、旺盛な投資需要がうかがえる。

　一方で新興国に比べて人件費面等で割高なアメリカ国内に工場を新設することに伴うコストの増加[37]や、供給能力の向上による中長期的な需給の不均衡を引き起こす可能性が指摘されている[38]。そのために、経済安全保障の観点からのサプライチェーン構築と、コスト面及び需給面からの持続可能性のバランスを考慮しながら、官民が連携して投資を進めることが重要と考えられる。

---

[37] 米半導体産業協会（SIA）によれば、アメリカ国内に新しい工場を建設し、10年間操業するためにかかるコストは、工場の種類に応じて異なるものの、台湾や韓国、シンガポールに比べて約30%、中国と比べた場合は、37〜50%高くなると試算されている。（Varas (2020)）

[38] Sohn (2022)によると、半導体コンサルティング会社インターナショナル・ビジネス・ストラテジーズ（IBS）は、2025〜2026年には半導体不足が再度到来することを予想しているが、2023年、2024年は半導体の供給過剰を予想している。一方で、SIAは、半導体の需要増は今後10年間続くと予想している。（SIA (2022)）

第1-1-41表　2022年以降の米国内での半導体工場新設の動き

企業名	州	投資規模 （億ドル）	雇用規模 （人）	その他
インテル	アリゾナ	300 （4.1兆円）	3,000	当初の投資額は200億ドルであったが、22年8月にカナダ系資産運用会社と共同で最大300億ドルに投資規模を拡大する方針を公表。
	オハイオ	200 （2.7兆円）	3,000	今後、同地域で最大8つの工場を新設する方向で計画中。
	ニューメキシコ	35 （0.5兆円）	700	
マイクロン テクノロジー	ニューヨーク	200 （2.7兆円）	9,000	今後、最大で1,000億ドルまで投資規模を拡大する方針。
	アイダホ	400 （5.5兆円）	2,000	
スカイウォーター テクノロジー	インディアナ	18 （0.2兆円）	750	同州政府およびパデュー大学と共同で投資。 同州内への半導体関連施設の設置は初めて。
サムスン	テキサス	170 （2.3兆円）	2,000	今後、同地域で最大1,900億ドルに投資規模を拡大する方向で計画中。
TSMC	アリゾナ	400 （5.5兆円）	4,500	今後、最大で5つの工場を建設する方向で計画中。

（備考）　1．各社HPより作成。
　　　　　2．本表に記載の工場は2022年に計画公表または建設中のもの。
　　　　　3．雇用規模は直接雇用を表す。
　　　　　4．円換算は2022年7月期中平均為替レート。
　　　　　5．2022年12月6日時点の情報に基づく。

（欧州では欧州半導体法案の成立に向け審議中）

　欧州では、欧州委員会による戦略的分野に係るレビューにおいて、半導体については、EUは一般的な半導体はアメリカに、先進的な半導体はアジアに強く依存していること、また最も先進的な半導体の設計及び開発には0.1兆円（10億ユーロ）を要すること、半導体の開発や製造に対する補助金の投入が増えていることで、公平な競争環境が保たれていないこと等が指摘された。その上で、復興・強靭化基金の活用、外国政府による補助金によって生じた競争環境の歪みのアセスメント、国際連携の拡大によるサプライチェーン強靭化への取組等を提言した。

　2022年2月には、上記提言を踏まえた欧州半導体法案が欧州委員会より発表された。その主要な内容は、（ⅰ）次世代半導体の研究開発力の強化、（ⅱ）先端半導体の設計から製品化する能力の増強、（ⅲ）2030年までに半導体の域内生産の世界シェア20%（2022年2月時点で約10%）を目指し量産能力強化、（ⅳ）人材不足対策、（ⅴ）半導体サプライチェーンの監視と危機対応、とされている。

　同法案は、欧州委員会より、EU理事会と欧州議会に提出されており、現在審議中である。その後、修正等を経て三者が同法案に合意すれば成立となる見通しである。

　また、本法案における施策を実施するために官民協同による「欧州半導体インフラコンソーシアム（ECIC）」を設置し、EUと加盟国が1.5兆円（110億ユーロ）規模の公的資金を共同で出資し、次世代半導体の技術開発や試作のライン等の強化を図るための「半

導体のための欧州イニシアチブ」を立ち上げることとなっている。なお、民間投資も含めた本法案の事業規模は、既存の半導体研究及びイノベーション関連計画（ホライゾン・ヨーロッパ、欧州デジタル計画）分を含め、2030年までに６兆円（430億ユーロ）と見込まれている。

（官民連携の下でサプライチェーン強化が必要）

　上述のとおり、アメリカにおいては法整備を受けて民間の投資が活発となっており、半導体のサプライチェーンの強化が進んでいる。コスト面及び需給面からの持続可能性についての課題はあるものの、国内における半導体供給能力の強化のみならず、国土全体での人的資本や社会インフラの活用による地域間の格差の是正に資するものともなっている。我が国においても引き続きこのような官民連携の下でのサプライチェーン強化の取組がなされることが求められる[39]。

---

[39] 我が国においても、内閣府（2022c）「物価高克服・経済再生実現のための総合経済対策」（令和４年10月28日閣議決定）において、最近の国際政治経済環境の変化に対応したサプライチェーンの再編が急務となる中、先端半導体の国内生産拠点の確保等の事業を進めるとしている。これを踏まえ、令和４年度第２次補正予算において、半導体のサプライチェーン強靱化支援、先端半導体の製造基盤整備及び次世代半導体の研究開発等のために合計で約1.3兆円が措置された。また、地方における先端半導体の製造基盤確保が進められるととともに、半導体人材の育成を進めていくため、地域単位での産学官連携の取組が進められている（※）。
　（※）経済産業省半導体・デジタル産業戦略検討会議第７回会議資料３参照。
　https://www.meti.go.jp/policy/mono_info_service/joho/conference/semicon_digital/0007/0007.html （2023年２月２日取得）
　また、日本の半導体市場の動向については「日本経済2022-2023」を参照。

第2節　主要地域の経済動向

　本節においては世界経済の動向を分析する上での主要な国及び地域であるアメリカ、中国及び欧州のそれぞれの経済動向を分析する。

1．アメリカ経済

（1）景気
（景気は緩やかな持ち直しが続く）

　アメリカ経済は2020年半ば以降、順調に持ち直し続けてきたが、2022年以降は持ち直しのテンポが鈍化し、緩やかな持ち直しが続いている。2022年前半の実質GDPは、個人消費が持ち直す中で輸入が大幅に増加したこと等により2四半期連続で前期比マイナスとなった。2022年7－9月期及び10－12月期は政策金利引上げに伴う住宅投資の減少がみられたものの、個人消費の緩やかな持ち直しが続く中で設備投資も振幅を伴いながらも緩やかに持ち直したことにより前期比年率でそれぞれ3.2％増、2.9％増となった（第1-2-1図）。労働市場は、雇用の増加は堅調で、失業率は低水準を維持している。求人数は過去最高に近づき、需要が供給を大幅に上回っている。2022年7月以降、物価上昇率は低下しているものの、前年比でみると依然として高水準で推移している。物価安定に向けて急速な金融引締めが実施され、その影響は住宅ローン金利の上昇等に及んでいる。

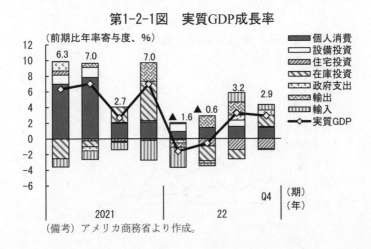

第1-2-1図　実質GDP成長率

（備考）アメリカ商務省より作成。

（2）雇用・賃金

（雇用は堅調さを維持）

　非農業部門雇用者数は、景気の持ち直しが緩やかになる中、増加ペースは鈍化しているものの、堅調さを維持している（第1-2-2図）。労働市場は、アメリカ経済が各部門で感染症による影響から持ち直す中で、雇用者数も増加し、11月には感染症拡大時の減少分（2020年2月→4月：▲2,199万人）の104.7%が回復し、感染症拡大前の雇用水準を回復している。業種別にみると、2022年に入り、娯楽への消費需要回復に対応したレジャー・接客業の雇用者数の増加率が鈍化したものの堅調に推移している（第1-2-3図）。また、労働生産性が高い情報通信等の成長分野においては、2022年春頃から夏頃にかけては増加率が高まっていたものの、夏以降は増加率が低下している。

第1-2-2図　非農業部門雇用者数

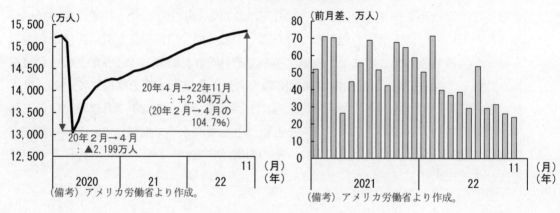

（備考）アメリカ労働省より作成。

第1-2-3図　業種別雇用者数の増加率（前月比）

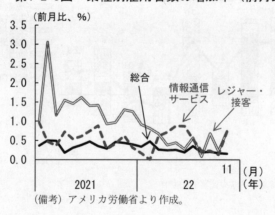

（備考）アメリカ労働省より作成。

（失業率は低水準で推移）

　雇用者数が増加する中、失業率は低下傾向が続き、7月には3.5％と感染症拡大前の水準（2020年2月：3.5％）まで低下した（第1-2-4図）。以降も第2次オイルショック後のおおむね最低水準となる3.5～3.7％の狭い範囲内で推移しており、労働需給は引き締まった状態が続いている。

第1-2-4図　失業率

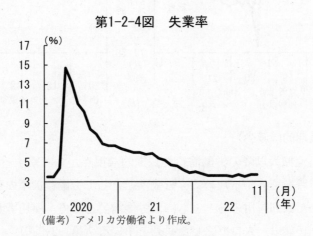

（備考）アメリカ労働省より作成。

（労働参加率は持ち直すが、感染症前の水準を下回る）

　労働供給の全体像を把握するために、16歳以上人口に占める労働力人口（就業者と完全失業者の合計）の比率である労働参加率をみると、2022年に入って持ち直しが進展し、11月には62.1％となった（第1-2-5図）。しかし、回復のテンポは緩慢であり、依然として感染症拡大前の水準（2020年2月：63.4％）を下回り、労働供給不足が継続しており、失業率が低水準で推移する一因となっている。

　さらに、労働参加率を年齢階層別にみていくと、主な働き手の世代であるプライムエイジ（25～54歳）の労働参加率は、11月には82.4％と感染症拡大前（2020年2月：83.0％）をおおむね回復している。しかしながら、55歳以上の労働参加率は感染症拡大により約40％から2％ポイント程度低下（非労働力人口化）して以降、回復の動きがみられていない。55歳以上の労働者は労働力人口の25％程度を占めており、労働供給に与える影響は大きいが、この非労働力人口化のうち約半分が、ベビーブーマー世代（1946年～64年生まれ）の年金支給開始年齢（67歳）への到達等に伴う自然低下であるとの試算もなされている[40]。

---

[40] FRB (2022a)は、2022年5月時点における感染拡大前との差分（1.1％ポイント）のうち約半分が、ベビーブーマー世代の定年退職に伴う自然低下であると試算している。

第1-2-5図　労働参加率

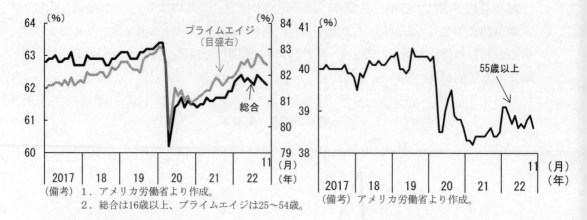

（備考）　1. アメリカ労働省より作成。
　　　　　2. 総合は16歳以上、プライムエイジは25〜54歳。

（備考）アメリカ労働省より作成。

（労働供給は長期的に減少）

　ここで、感染症拡大以降の労働需給を長期的な視点から考察する[41]。以下では農業就業者の変動の影響を控除するために、労働供給として労働参加率の分子及び分母から農業就業者を除いた系列を用いるとともに、労働需要として、雇用者数と求人数の和を農業就業者を除く16歳以上人口で除した系列を用いる（第1-2-6図）。

　アメリカでは、2000年代の景気拡大局面では、労働需要がピークを迎えても労働供給が需要を上回っており、労働供給は十分な状況が続いていた。しかし、2010年代の景気拡大局面においては、ベビーブーマー世代の労働市場からの退出が始まったこともあり[42]、労働供給が緩やかに減少傾向となる中で、2018年には需要が供給を上回るなど、感染症拡大の前から労働供給不足の状況がみられていた。その後の感染症拡大に伴い、労働供給は大きく減少した後に緩慢なテンポでしか回復していない一方、労働需要は感染症拡大前の水準を上回るまで急速に回復した。その結果、労働市場は引き締まった状況となっている。

　このように、アメリカの労働市場の引締まりの背後には、長期的な労働供給の減少が背景にあると考えられることから、大幅な需要抑制が生じない限り、今後も引き続き労働市場の引締まりは続く可能性がある。

---

[41] Bernstein（2022）
[42] Fry (2020)によると、2011年以降、毎年平均200万人のベビーブーマー世代が労働市場から退出している。なお、ベビーブーマー世代とは、1946年〜1964年に生まれた世代であると定義されている。

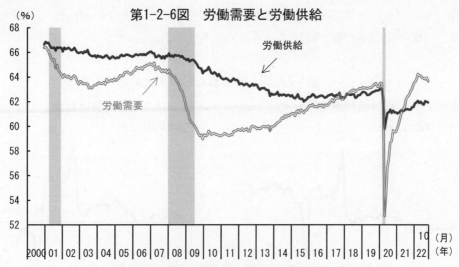

第1-2-6図　労働需要と労働供給

（備考）1．アメリカ労働省雇用統計（家計調査）及び”JOLTSサーベイ”より、
Bernstein（2022）を参考に作成。労働供給は（労働力人口-農業人口）/
（16歳以上の全人口-農業人口）、労働需要は（雇用者数＋求人数）/（16歳
以上の全人口-農業人口）でそれぞれ定義されている。
　　　　2．シャドー部分は景気後退期。

（賃金は上昇するも物価上昇には追いつかず）

　以上のような労働市場の引締まりを背景に、時間当たり名目賃金は前年比５％程度での高い伸びが続いているが、物価上昇には追いつかず実質賃金はマイナス３％程度で推移している（第1-2-7図）。2022年後半においても、労働供給が不足する中で求人数は高水準で推移しており、また処遇改善等を目的とした転職が多いとみられることから自発的離職者数も引き続き高水準で推移している[43]ことが、賃金上昇圧力となっているとみられる（第1-2-8図、第1-2-9図）。

　業種別にみると、2022年初はレジャー・接客業や小売業といった相対的に低賃金の業種を中心に賃金上昇率が高まっていたが、2022年後半にはこれらの業種の上昇率が低下する中で、情報通信サービスのような相対的に労働生産性が高く高賃金の業種で上昇率が高まるなど、賃金上昇の広がりがみられている（第1-2-10図）。また、賃金上昇は労働コストの上昇として財及びサービス価格に転嫁され、消費者物価の上昇に寄与しているものと考えられる。

　なお、レジャー・接客業の賃金上昇率が緩和されてきているものの、2022年初では前年比13.0%、2022年11月においては同6.4%と依然として高い伸びにある。これは、飲食・宿泊サービス関連の消費が感染症拡大前の水準を回復する中にあって感染症拡大前

---

[43] Carpenter, J. (2022) ”THE WALL STREET JOURNAL”の記事（2022年７月25日）において、米イエール大学のジェニファー・ダナルズ助教授（組織行動学）は、従来は現在の職務に不満があるために転職する人が多かったが、現在はより高い給与を求めて転職する人が増えていると指摘している。

と比べてレジャー・接客業における雇用者数が約100万人少ない88.1％しか回復しておらず、労働需給の不均衡が続いているためと考えられる。

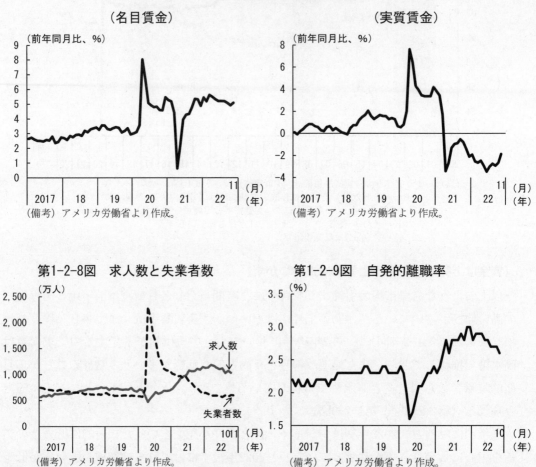

第1-2-7図　時間当たり賃金上昇率

（名目賃金）

（前年同月比、％）

（備考）アメリカ労働省より作成。

（実質賃金）

（前年同月比、％）

（備考）アメリカ労働省より作成。

第1-2-8図　求人数と失業者数

（万人）

求人数

失業者数

（備考）アメリカ労働省より作成。

第1-2-9図　自発的離職率

（％）

（備考）アメリカ労働省より作成。

第1-2-10図　業種別時間当たり賃金上昇率

（参考）22年11月の時間当たり賃金

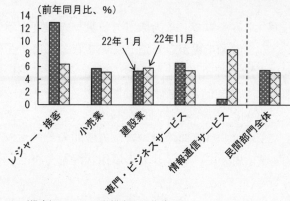

業種	実額
レジャー・接客	20.51
小売業	23.48
建設業	35.37
専門・ビジネスサービス	39.50
情報通信サービス	48.44
民間部門全体	32.82

（ドル）

（備考）アメリカ労働省より作成。

コラム１：UV曲線分析と失業率の見通し

　アメリカでは失業率が低い水準で推移[44]する一方で、求人数（欠員数）の程度を示す欠員率[45]は歴史的に高い水準になっている。労働市場がひっ迫している背景には、労働参加率が低水準で推移し、非労働力人口が増えていること等労働の供給が需要に追い付いていないことがあげられるが、この他にも企業側と労働者側の間のミスマッチも一因となっている可能性がある。一般的に、縦軸に失業率、横軸に欠員率をとると、両者が負の相関関係にあるグラフを描ける。この曲線をUV曲線といい、労使間のミスマッチの状況の分析ができる。ここではUV曲線を用いて、アメリカの雇用状況を分析し、今後の失業率の動向について考察する。

　2001年以降、アメリカでは欠員率が４％程度以下で推移してきたが、感染症拡大後に急上昇し、2022年以降は６％以上で推移している（図１）。この状況は、求人数が過去最高に近づきつつある中で[46]、労働需要が労働供給を大幅に上回り、労働市場が引き締まっていることを示している。

図１　欠員率の推移

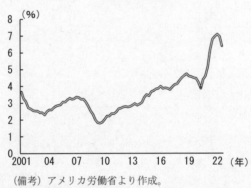

（備考）アメリカ労働省より作成。

　失業については、構造的失業、摩擦的失業、循環的失業等、様々な種類がある。構造的失業とは、雇用主が労働者に求める技能や勤務地といった特性と、失業者の持つ特性のミスマッチによって生じる失業を指す。失業者と求人が共存しても、失業者の持つ技能と求人要件が合致しない場合、この失業者が仕事につくことはできない。また、求人企業が存在する場所と失業者が住んでいる場所が違う場合も、企業と失業者のマッチングは困難になる。一方、摩擦的失業とは、職探しに時間がかかることによって発生する失業を指す。失業中の労働者が持つ特性を求めている求人企業が存在していたとしても、

---

[44] アメリカの失業率については第1-2-4図を参照。
[45] アメリカ労働省が公表している欠員率（求人率）。求人数／（雇用者数＋求人数）で定義される。
[46] アメリカの求人数については第1-2-8図を参照。

失業者がその仕事に就くまでには時間がかかる。失業者は自分の能力を生かせ、良い待遇が得られる職場を探そうとするが、自分にあった求人企業を探すのには時間がかかる。また、採用までには書類選考や面接等の時間がかかり、一定期間の失業が発生する。

図2　UV曲線

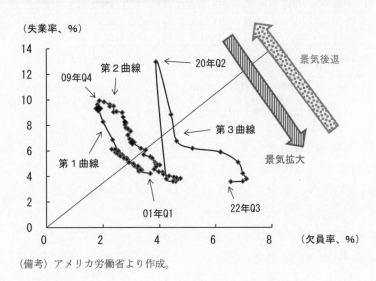

（失業率、%）

（備考）アメリカ労働省より作成。

　これまでのUV曲線の推移をみると、2001年～2009年頃が第1曲線、2009年～2020年頃が第2曲線、2020年～現在が第3曲線と右上へシフトしてきていることが分かる（図2）。UV曲線は右上にシフトするとマッチング効率が悪化したことを表す一方、左下にシフトするとマッチング効率が改善したことを表す[47]。第3曲線上のコロナショックの回復局面においては、失業率が低水準でも欠員率が高い状態にあり、マッチング効率が悪化していたと考えられる。これは、労使間の技能条件等のミスマッチの拡大や、転職や再就職にかかる時間の長期化が生じている可能性を意味する。例えば、技能条件を原因とするミスマッチは運送業で確認することができる。運送業では、新型コロナウイルス感染症の影響でトラックの運転教習所が閉鎖していた時期があったことから、コロナ禍後の景気回復局面において求人が増加しても、運転手の供給が需要に追い付かず、欠員率が高い状態となったと考えられる[48]。

　また、UV曲線上の点は右下に動くと景気拡大を表す一方、左上に動くと景気後退を表す。これは、景気拡大期には企業が雇用を増加させるため失業率が低下して欠員率が上昇する一方、景気後退期には企業が雇用を減少させるため失業率が上昇して欠員率が低下するためである。こうした動きは、アメリカの景気の拡大期、後退期とおおむね連

---

[47] 宮本（2015）によれば、欠員と関係が深いのは主に構造的失業と摩擦的失業。
[48] Bhattacharjee, et al.（2021）

動している（図3）。

図3　景気の拡大・後退局面

	実際の景気循環	UV曲線における循環
拡大期	2001年12月〜2007年12月	2003年10月〜2007年6月
後退期	2008年1月〜2009年6月	2007年7月〜2009年12月
拡大期	2009年7月〜2020年2月	2010年1月〜2019年12月
後退期	2020年3月〜2020年4月	2020年1月〜2020年6月
拡大期	2020年5月〜	2020年7月〜

（備考）1．NBERより作成。
　　　　2．UV曲線における景気循環は、失業率、欠員率の両方が動きの
　　　　　向きを変えてから、次に両方とも動きの向きが変わる時点の
　　　　　間を拡大期または縮小期として判断している。

　続いて、UV曲線分析を踏まえた失業率の今後の見通しについて考える。Figura and Waller（2022）は、UV曲線は原点に対して凸の形状であることから、欠員率が高い場合はUV曲線の傾きがよりフラットになり、欠員率の低下幅よりも失業率の上昇幅が小さくなる点に注目している。その上で、現状は欠員率が高いことから、今回の金融引締めは失業率を少し増やすものの、欠員率を大きく減らすことができると考えており、景気悪化を伴わないソフトランディングを見込んでいる。同様の見解は2022年9月のFOMC会合参加者による見通しにも表れており、前回の7月見通しと比べて微増しているものの、2022年の失業率は3.8％に留まるとしており、失業率が3％台から大きく上昇することは見込まれていない。

　これに対し、Blanchard, et al.（2022）は、失業率の上昇を伴わずに欠員率を低下させることは難しいと反論している。景気循環ごとにみると、欠員率がピークをつけて2年後には欠員率の低下と失業率の上昇はおおむね同じ傾きで生じていることから、欠員率が高いために今後の失業率の上昇幅が小さくなるとは考えにくいと主張している。また、失業率を上昇させずに欠員率を低下させるには、労働力を再配置してマッチング効率を高める必要がある。しかし、連邦準備制度は労働力の再配置を制御できないことから、Figura and Waller（2022）の主張には根拠がないと批判している。さらに、UV曲線が右上にシフトしてマッチング効率が悪化した理由としては、新型コロナウイルスの影響で健康上の理由から労働意欲が低下したことや、労働需要に地域差があり、需要のある地域に人が集まっていないこと等を指摘している。

　以上のように、欠員率の低下とともに失業率が上昇すること自体にはコンセンサスがあるものの、今般の局面におけるUV曲線の形状やシフトの度合いに対する見解の違い等を反映して失業率上昇の程度について見解が分かれているところ、今後の失業率の動向には引き続き留意が必要である。

（3）消費

（個人消費は緩やかに持ち直し）

　以上の雇用及び賃金動向を踏まえ、アメリカの実質GDPの7割程度を占める個人消費の動向を確認する。個人消費は緩やかな持ち直しが続いているが、この背景には、前述の賃金上昇や、感染症拡大に伴う大規模な財政支出等よって形成された貯蓄超過ストックの取崩しが挙げられる。貯蓄超過フローは2021年7－9月期にかけて蓄積されてきたが、2022年に入り取崩しが進んでおり、物価上昇下にあっても消費の下支えに寄与していると考えられる[49]（第1-2-11図）。

第1-2-11図　貯蓄超過フローと消費

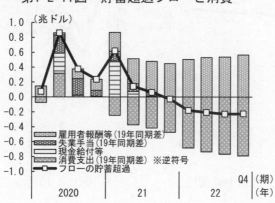

（備考）　1．アメリカ商務省より作成。
　　　　　2．貯蓄超過（フロー、ストック）の前提となる各四半期の貯蓄額は、家計可処分所得（年換算額）を
　　　　　　　4で除した数値と、家計最終消費支出（年換算額）を4で除した数値の差。
　　　　　3．各四半期の貯蓄額の前提となる家計可処分所得は、公表値から個人の利子支払及び経常移転支出を
　　　　　　　除いた数値を使用。

　続いて、実質個人消費支出の内訳をみると、傾向としては財からサービスに需要のシフトが進んでいる。耐久財は、2020年5月以降は、コロナ前の水準を大きく上回り増加傾向にある。特に、PC・AV機器等が堅調に増加している（第1-2-12図、第1-2-13図）。自動車・同部品は、2021年半ば以降、半導体の供給制約等を背景に生産及び自動車販売台数が減少したことを受けて弱い動きが続いていたが、2022年10月以降は、その緩和等を背景に生産や販売台数が増加したことを受けて、持ち直しの動きがみられる（第1-2-13図、第1-2-14図、第1-2-15図）。

　非耐久財は2022年に入ってから減少傾向にあるものの、経済活動再開の効果が継続していることから衣料品や靴等に底堅さがみられ、2022年夏以降は持ち直しの動きが続いている。

---

[49] Aladangady, et al.（2022）

サービスは、経済活動再開に伴う飲食・宿泊サービス等の回復を受けて2021年10月に感染症拡大前の水準を上回って以降も緩やかに持ち直し続けている。ただし、サービスの中でも輸送サービスや娯楽サービス[50]については回復が遅れており、2022年10月時点では感染症拡大前の水準を回復していない。

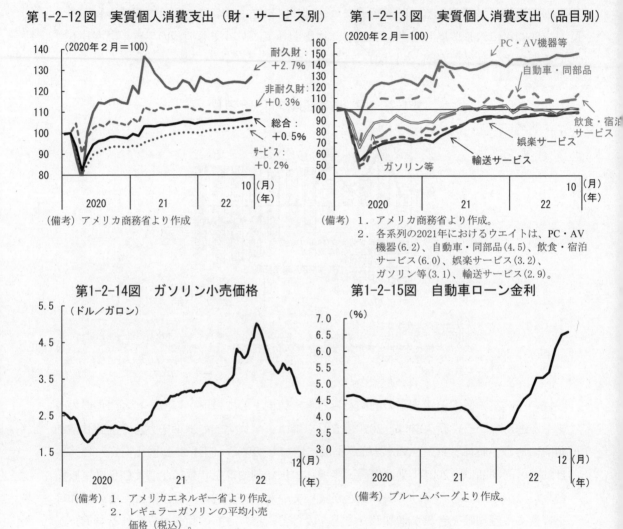

第1-2-12図　実質個人消費支出（財・サービス別）

（2020年2月＝100）

耐久財：＋2.7%
非耐久財：＋0.3%
総合：＋0.5%
サービス：＋0.2%

（備考）アメリカ商務省より作成

第1-2-13図　実質個人消費支出（品目別）

（2020年2月＝100）

PC・AV機器等
自動車・同部品
飲食・宿泊サービス
娯楽サービス
輸送サービス
ガソリン等

（備考）1．アメリカ商務省より作成。
　　　　2．各系列の2021年におけるウエイトは、PC・AV機器(6.2)、自動車・同部品(4.5)、飲食・宿泊サービス(6.0)、娯楽サービス(3.2)、ガソリン等(3.1)、輸送サービス(2.9)。

第1-2-14図　ガソリン小売価格

（ドル／ガロン）

（備考）1．アメリカエネルギー省より作成。
　　　　2．レギュラーガソリンの平均小売価格（税込）。

第1-2-15図　自動車ローン金利

（%）

（備考）ブルームバーグより作成。

[50] インターネットよりダウンロードする画像及び音楽サービスのうち、無期限でダウンロードできるもの（映画のデジタルセル版や、オンラインで楽曲を購入してダウンロードするもの等）は耐久財に含まれる。一方、受信料契約に近いようなものは娯楽サービスに含まれる。

（住宅着工は減少し、住宅価格は急速に低下傾向）

　続いて、家電や家具等の耐久消費財の需要への波及効果が大きい住宅投資の動向を確認する。住宅市場の動向を、中古住宅の価格を示すケース・シラー住宅価格指数でみると、年初から大幅な上昇が続き、4月には前年比21.3％と過去最大の伸びとなった後、上昇率は急速に低下傾向となっている（第1-2-16図）。その背景としては、2022年初以降、需要面においては、政策金利の引上げを受けて住宅ローン金利が急速に上昇したことから住宅需要が弱まり、着工件数や販売件数が減少したことが挙げられる。また、10月の地区連銀経済報告（ベージュブック、FRB（2022b））では、全地区で住宅ローンの利用減少や住宅販売の減少が報告されており、大都市のみならず地方においても住宅需要が減少したことが確認できる（第1-2-17図、第1-2-18図、第1-2-19図）[51]。一方でこれまでの住宅注文の受注残である着工待ち住宅件数は、2022年後半も引き続き上昇傾向で推移していることには留意が必要である（第1-2-20図）。

　住宅の供給面においては、資材不足等による供給制約がおおむね緩和されたことから、木材先物価格が2022年の第2四半期頃より低下傾向となり、感染症拡大前の水準までおおむね低下したとみられる（第1-2-21図）。

　このような需給状況が住宅価格上昇率の低下につながっているものと考えられる。

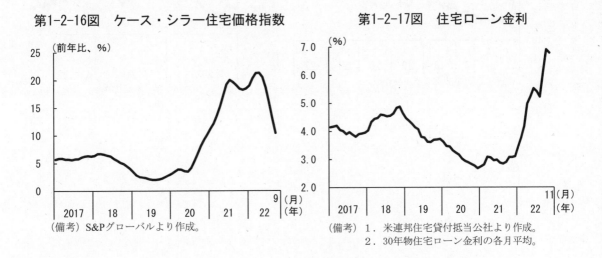

第1-2-16図　ケース・シラー住宅価格指数

（前年比、％）

（備考）S&Pグローバルより作成。

第1-2-17図　住宅ローン金利

（％）

（備考）1．米連邦住宅貸付抵当公社より作成。
　　　　2．30年物住宅ローン金利の各月平均。

---

[51] このほか、全米ホームビルダー協会（NAHB (2022)）は、2022年の新築住宅販売の減少要因に住宅ローン金利の上昇による購入コストの増加を指摘している。また、全米不動産業協会（NAR (2022)）も、2022年の中古住宅販売の減少要因に住宅ローン金利の上昇を挙げている。さらに、パウエルFRB議長も、9月のFOMC後の記者会見で、住宅市場は住宅ローン金利の上昇により大幅に弱体化していることを指摘している。

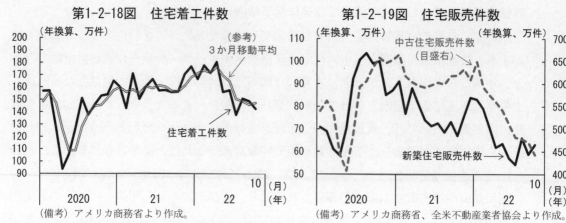

第1-2-18図　住宅着工件数

（年換算、万件）

（参考）
3か月移動平均

住宅着工件数

（備考）アメリカ商務省より作成。

第1-2-19図　住宅販売件数

（年換算、万件）　　　　　　　　（年換算、万件）

中古住宅販売件数
（目盛右）

新築住宅販売件数→

（備考）アメリカ商務省、全米不動産業者協会より作成。

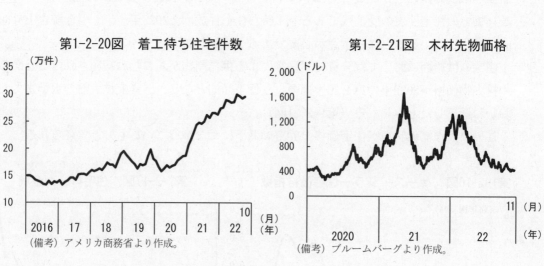

第1-2-20図　着工待ち住宅件数

（万件）

（備考）アメリカ商務省より作成。

第1-2-21図　木材先物価格

（ドル）

（備考）ブルームバーグより作成。

Box.　住宅ローン金利の上昇がローン返済に与える影響

　急速な金融引締めを受けてアメリカでは住宅ローン金利が2022年に入り急上昇している（第1-2-17図）。このような急速な金利の上昇が住宅ローン市場に与える影響について、住宅ローン市場の特徴や、延滞状況等を踏まえて考察する。

　まず、アメリカの住宅ローン貸出市場の特徴について確認する。住宅ローンは固定金利型と変動金利型の２種類に大別されるが、アメリカでは住宅ローンの約99％は固定金利となっており、30年固定が中心となっている[52]。これは、アメリカでは、できるだけ長期で元利金償還を一定額に固定し、長期金利が低下した際には借り換えを自由にできることへのニーズが高いことから、固定金利が一般的になっているものと考えられる。また、アメリカでは商業銀行等が住宅ローンをオンバランスで保有せずに、債権を証券化することで、貸倒れ等のリスクを証券市場において分散させる仕組みが整備されている。住宅ローン債権を証券化するためには証券の表面利率を固定し、標準化する必要があることから、固定金利の中でも30年固定が住宅ローンの中心として定着した[53]。そのため、金利上昇前に住宅ローンを固定金利で契約している家計にとっては今般の住宅ローン金利上昇を原因とした負担の増加は生じていないと考えられ、住宅ローン延滞率（90日以上）は2022年７－９月期においても上昇していない（図１）。

図１　アメリカの住宅ローン延滞率と差押比率

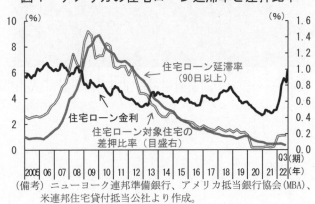

（備考）ニューヨーク連邦準備銀行、アメリカ抵当銀行協会（MBA）、
　　　　米連邦住宅貸付抵当公社より作成。

---

[52] 米連邦住宅金融庁（FHFA）によると、2022年１－３月期の住宅ローン債務残高は固定金利型が99.4％、変動金利型が0.4％となっており、このうち16年以上（主に30年固定）が84.2％を占めている。また、ローン年数の平均は26.9年となっている。
[53] 室屋（2003）

また、延滞を続けた場合に行われる住宅ローン対象住宅の差押えについても、差押え比率は2022年7－9月期では2000年以降の最低水準となっているが（図1）、これは延滞が始まってから差押えが実際に行われるまでに約5か月以上かかるため、今般の住宅ローン金利上昇を受けた差押えまでは反映されていないことには留意が必要である[54]。

　なお、住宅ローンを含めた家計債務残高の可処分所得比は、2010年代半ば以降はおおむね横ばい傾向で推移した後、2021年以降は感染症拡大の影響による郊外での住宅需要の高まりを受けてやや上昇し、2022年7－9月期の住宅ローン可処分所得比は62.6％となっている（図2）。同比率は2006年の延滞率及び差押え比率の上昇時には約80％であったことから、現時点においては当時と比較して家計全体として過度な住宅ローン債務を負っている状況ではないとみられる。しかしながら、今後の景気動向等によっては、所得に比して債務が過大となり、そのために延滞率等が上昇することもあり得るところ、引き続き住宅ローン返済状況を注視する必要がある。

図2　家計債務残高（可処分所得比）

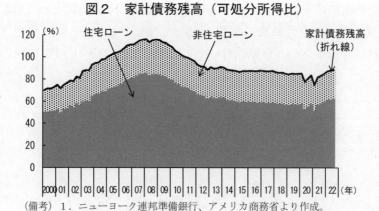

（備考）　1．ニューヨーク連邦準備銀行、アメリカ商務省より作成。
　　　　　2．非住宅ローンには、自動車ローン、クレジットカードローン、学生ローン等が含まれる。

---

[54] アメリカでは、延滞開始から120日以上経過するまでは差押え手続きを開始することが連邦法によって禁じられており、差押えを行う30日以上前に最初の通告がなされることが州法によって定められていることが多い。

（4）物価

（物価の上昇基調は底堅い）

　以上のような個人消費及び住宅投資の動向を踏まえて、物価動向について確認する。物価の足下での変化の方向性をより正確に把握するために、消費者物価指数（総合）を前月比でみると、2022年6月に1.3%増と高い伸びを示したのち、7月以降はエネルギー価格が低下する中で伸びが減速し、11月は0.1%増まで低下している（第1-2-22図）。また、コア指数の前月比をみると、2021年10月以降は0.5%増程度で推移しているが、物価の上昇要因が財からサービスへと移行[55]していることが確認できる。特に、財の寄与度は、2022年9月以降はマイナスに転じている。一方で、サービス業では、住宅価格の上昇を受けて住居費[56]の寄与度が上昇傾向で推移している（第1-2-23図）。

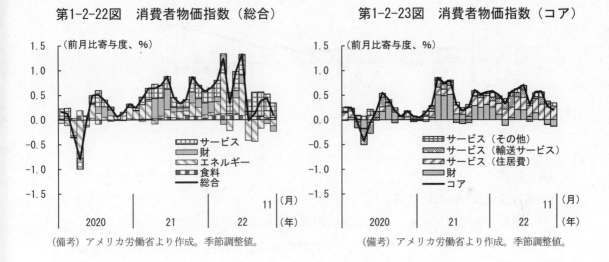

第1-2-22図　消費者物価指数（総合）

第1-2-23図　消費者物価指数（コア）

（備考）アメリカ労働省より作成。季節調整値。

（備考）アメリカ労働省より作成。季節調整値。

　ここで、物価の基調を確認するために、アトランタ連銀による価格改定頻度に着目して分類した価格指数の動向をみてみる。同連銀は消費者物価指数（総合）の構成品目を、価格改定頻度[57]を基準にして二分割し、平均改定頻度の4.3か月を基準として、(1)サービス等の価格改定頻度が低い品目から構成される「粘着指数」、(2)エネルギーや食料品等の価格改定頻度が高い品目から構成される「柔軟指数」として公表している[58]。特に粘着指数は価格改定に要する期間が長いこと、また支出ウエイトが約7割と大きいこ

---

[55] 輸送サービスは航空運賃の変動が大きいものの、自動車保険料等が安定して上昇に寄与している。

[56] 家賃及び持ち家の帰属家賃。

[57] 出典はBils and Klenow (2004), Some Evidence on the Importance of Sticky Prices, Journal of Political Economy.

[58] 粘着指数の構成品目は主に住居費、サービス関連品目等、柔軟指数の構成品目はエネルギー、食料品、衣料品、宝飾品等。

とから、物価の基調を形成していると考えられる。この両者の動きをみると、2021年初から柔軟指数の前年比が大きく上昇したことを受けて消費者物価指数（総合）は上昇し始めたが、2022年後半には柔軟指数の伸び率が低下し、それを受けて消費者物価指数（総合）も伸び率が低下している。一方で2021年半ば以降、粘着指数の前年比が上昇傾向に転じて以降、緩やかな加速を続け、消費者物価指数（総合）の伸びを下支えしているところ、物価の上昇基調は底堅いものと考えられる（第1-2-24図）。

第1-2-24図　粘着指数と柔軟指数

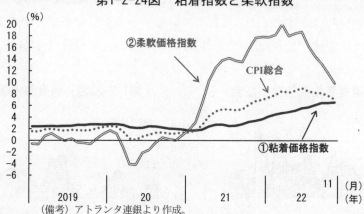

（備考）アトランタ連銀より作成。

（5）投資

（設備投資は緩やかな持ち直し）

　設備投資は感染症拡大後、振幅を伴いながらも緩やかな持ち直しが続いている（第1-2-25図、第1-2-26図）。ソフトウェア、R&D等の知的財産投資が堅調に増加し続けており、2021年には民間設備投資全体（非住宅）に占める割合が約４割と大きくなっている。機械・機器投資は2021年後半には横ばい傾向にあったが、2022年に入り緩やかに持ち直している。しかしながら、内訳である輸送関連機器が感染症拡大前の水準まで持ち直しておらず、機械・機器投資全体を下押ししている。

　また、機械・機器投資の先行指標であるコア資本財受注[59]は堅調な増加が続いているが、2021年４－６月期以降、コア資本財受注と機械・機器投資の動向に乖離がみられ始めた（第1-2-27図）。その理由は、機械・機器投資には輸送関連機器が含まれるものの、コア資本財受注には一部の輸送機器[60]が含まれていないためである。機械・機器投資か

---

[59] 耐久財受注統計の一系列で、非国防資本財のうち航空機を除く品目の新規受注額を示す。
[60] 航空機及び一般自動車。

ら輸送関連機器を除いた系列と、コア資本財受注の動きを比較してみると、両者の動きはおおむね一致する。

なお、構築物投資は低下傾向にあり、感染症拡大前の水準を下回って推移している。内訳をみると、感染症拡大の影響を受けて商業施設の寄与が最も大きくなっており、続いて電気・通信が弱い動きとなっている（第1-2-28図）。

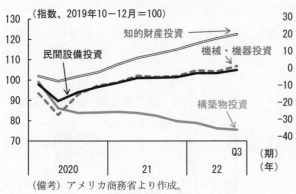

第1-2-25図　実質民間設備投資

（指数、2019年10－12月＝100）
130
120
110
100
90
80
70
知的財産投資
民間設備投資
機械・機器投資
構築物投資
Q3
（期）
2020
21
22
（年）

（備考）アメリカ商務省より作成。

第1-2-26図　実質民間設備投資の内訳寄与度

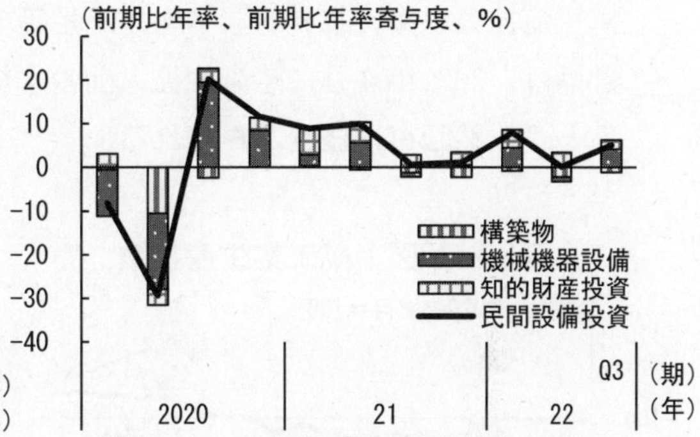

（前期比年率、前期比年率寄与度、%）
30
20
10
0
-10
-20
-30
-40
構築物
機械機器設備
知的財産投資
民間設備投資
Q3
（期）
2020
21
22
（年）

（備考）１．アメリカ商務省より作成。
　　　　２．各項目の合計は統計上の誤差があるため、投資推移全体と一致しない。

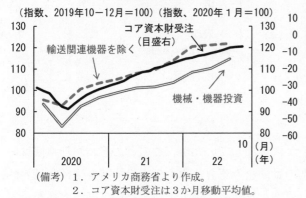

第1-2-27図　コア資本財受注と機械・機器投資の比較（名目）

（指数、2019年10－12月＝100）
（指数、2020年１月＝100）
130
120
110
100
90
80
コア資本財受注
（目盛右）
輸送関連機器を除く
機械・機器投資
10
（月）
2020
21
22
（年）

（備考）１．アメリカ商務省より作成。
　　　　２．コア資本財受注は３か月移動平均値。

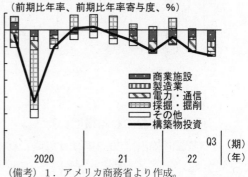

第1-2-28図　実質構築物投資の内訳

（前期比年率、前期比年率寄与度、%）
10
0
-10
-20
-30
-40
-50
-60
商業施設
製造業
電力・通信
採掘・掘削
その他
構築物投資
Q3
（期）
2020
21
22
（年）

（備考）１．アメリカ商務省より作成。
　　　　２．各項目の合計は統計上の誤差があるため、投資推移全体と一致しない。

（６）生産

（生産は底堅く推移）

　鉱工業生産は2021年11月に感染症拡大前の水準まで持ち直し、2022年前半は緩やかに増加していたものの、2022年後半は底堅く推移している（第1-2-29図）。一方で、供給制約は緩和傾向にあるものの依然続いている[61]。

　産業別の動向をみると、2022年３月以降は、ウクライナ情勢によりアメリカ産のエネルギー資源の需要が高まり、鉱業がプラスで寄与し続けている（第1-2-30図）。また、感染症拡大以降、世界的な半導体不足等の供給制約で持ち直しが遅れていた自動車・同部品は、2022年４月に感染症拡大前の水準まで持ち直したが、鉱工業生産全体と比較すると、依然回復に弱さがみられる。

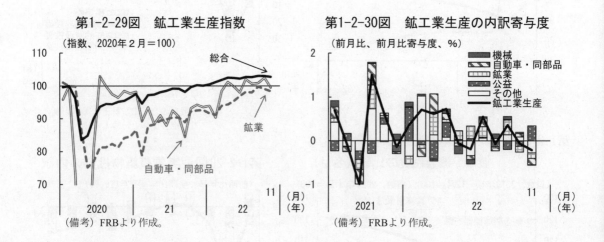

第1-2-29図　鉱工業生産指数
（指数、2020年２月＝100）

第1-2-30図　鉱工業生産の内訳寄与度
（前月比、前月比寄与度、%）

（７）輸出

（財輸出はおおむね横ばい）

　実質財輸出は2022年３月以降、緩やかに増加していたが、このところおおむね横ばいとなっている（第1-2-31図）。品目別の動向をみると、ウクライナ情勢を受けた世界的なエネルギー需要の高まりを背景に、原油、天然ガス等の工業原材料が高い寄与を示していたが、９月以降は需要減少を背景に寄与の低下がみられる（第1-2-32図、第1-2-33図）。資本財は、民間航空機関連、通信機器及びコンピュータ・同周辺機器、消費財は、宝飾品、携帯電話等が主に増加に寄与している。自動車・同部品は引き続き軟調な動きとなっている。

---

[61] FRB (2022b)では、全国的に製造業のサプライチェーンの混乱が緩和されたことが指摘されている一方、引き続きサプライチェーンの混乱が課題となっている地区もあることが指摘されている。

また、主要輸出相手国別の動向をみると、特にEUへの輸出が増加している（第1-2-34図）。ここで工業原材料の内訳である鉱物性燃料等の輸出の国別シェアをみると、2022年3～10月は2021年と比べEUのシェアが大きく伸びていることから、ウクライナ情勢を受けた対ロシアの輸入規制等により、EUがロシアに代わりアメリカからのエネルギー輸入を増加させたことがうかがえる（第1-2-35図）。

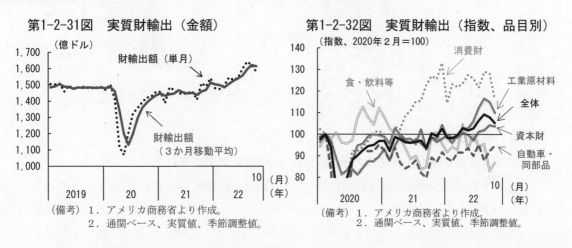

第1-2-31図　実質財輸出（金額）

（備考）　1．アメリカ商務省より作成。
　　　　　2．通関ベース、実質値、季節調整値。

第1-2-32図　実質財輸出（指数、品目別）

（備考）　1．アメリカ商務省より作成。
　　　　　2．通関ベース、実質値、季節調整値。

第1-2-33図　実質財輸出（前月比寄与度、品目別）

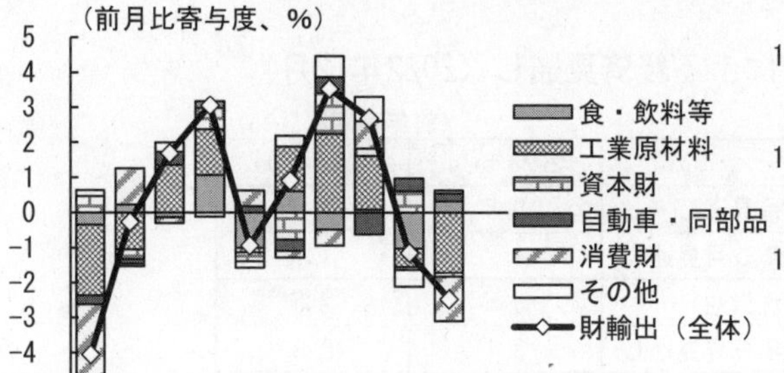

（備考）　1．アメリカ商務省より作成。
　　　　　2．通関ベース、実質値、季節調整値。

第1-2-34図　名目財輸出（指数、主要国別）

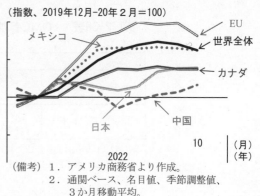

（備考）　1．アメリカ商務省より作成。
　　　　　2．通関ベース、名目値、季節調整値、
　　　　　　3か月移動平均。

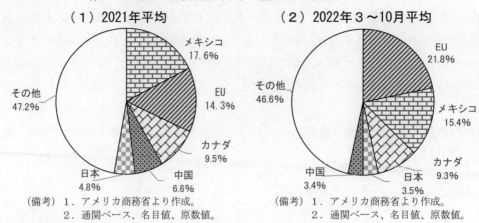

第1-2-35図　鉱物性燃料等の輸出先の国別シェア

（1）2021年平均

その他
47.2%

メキシコ
17.6%

EU
14.3%

カナダ
9.5%

中国
6.6%

日本
4.8%

（備考）　1．アメリカ商務省より作成。
　　　　　2．通関ベース、名目値、原数値。

（2）2022年3〜10月平均

その他
46.6%

EU
21.8%

メキシコ
15.4%

カナダ
9.3%

日本
3.5%

中国
3.4%

（備考）　1．アメリカ商務省より作成。
　　　　　2．通関ベース、名目値、原数値。

（8）今後の見通し

（プラス成長が続くと見込まれるものの、物価上昇が懸念される）

　アメリカ経済の今後の見通しについては、12月のFOMC参加者による経済見通しや、1月のIMFによる経済見通しでは、2023年はプラス成長が続くと見込まれている（第1-2-36表、第1-2-37表）。一方で、物価上昇率の見通しは上方修正されており、物価上昇圧力の強さがこれまで以上に懸念されている。

第1-2-36表　FOMC参加者による経済見通し（2022年12月）

（前年同期比、％）

		2023年Q4	2024年Q4
実質GDP成長率	22年12月見通し	0.5	1.6
	（参考）22年9月見通し	1.2	1.7
コアPCEデフレーター	22年12月見通し	3.5	2.5
	（参考）22年9月見通し	3.1	2.3

（備考）　1．FRBより作成。FOMC参加者の見通しの中央値を示す。
　　　　　2．コアPCEは、PCEの構成要素から食品及びエネルギーを除いたもの。

第1-2-37表　IMFによる経済見通し（2023年1月）

（前年比、％）

		2023年	2024年
実質GDP成長率	23年1月見通し	1.4	1.0
	（参考）22年10月見通し	1.0	1.2

（備考）IMF（2023a）より作成。

２．中国経済

（１）景気
（防疫措置による減速からの持ち直し）

　中国では、2022年３～５月にかけて、感染拡大に対応するためのロックダウンを含む厳格な防疫措置が採られた省や周辺地域を中心に、経済活動が大幅に減速した（第1-2-38図）[62]。実質GDP成長率は、４－６月期は前年同期比＋0.4％、上半期（１～６月）は同＋2.5％にとどまり、３月の全国人民代表大会（以下「全人代」という。）で掲げられた通年の成長率目標の＋5.5％を顕著に下回った（第1-2-39図）。５月末に上海市がロックダウンを解除するなど、社会経済活動の正常化が進められる中で、６月の月次指標には改善がみられた。

第1-2-38図　中国の鉱工業生産（地域別）

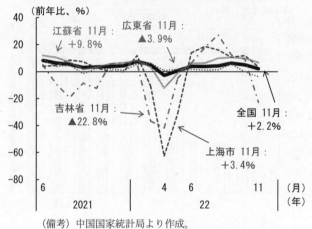

（備考）中国国家統計局より作成。

第1-2-39図　中国の実質GDP成長率

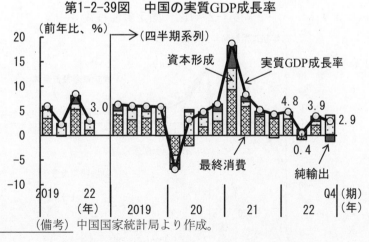

（備考）中国国家統計局より作成。

---

[62] 内閣府（2022a）

（政策対応を急ぐも一部の弱さが回復の重しに）

（ⅰ）不動産市場の低迷

　下半期のV字回復を目指す政府は、政策対応としてインフラ投資を急ぎ、地方専項債券は6月時点で通年発行枠（3.65兆元）の93%の発行が完了した（第1-2-40図）。しかし、恒大集団を始めとした不動産ディベロッパーの債務問題が長引く中で、不動産開発投資は減速が続き、固定資産投資全体の回復の重しとなっている（第1-2-41図）。未完成物件の工事が進捗せず、代金払い済みの購入者に物件が引き渡されない状況が相次いだことで、7月には各地で住宅ローン不払運動が発生した。こうした動きは、消費者の住宅購買意欲を冷え込ませ、住宅価格の下落、不動産ディベロッパーの収入源の先細り等、各種の問題に繋がり、不動産市場の低迷を深刻化させている（本章コラム2）。

第1-2-40図　地方専項債券の発行実績

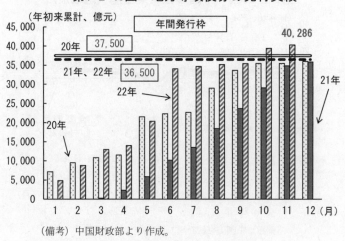

（備考）中国財政部より作成。

第1-2-41図　固定資産投資

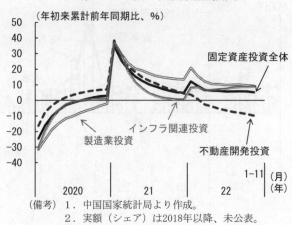

（備考）1．中国国家統計局より作成。
　　　　2．実額（シェア）は2018年以降、未公表。

（ii）感染の拡大

　中国における新型コロナの新規感染者数は、上海でロックダウンが行われた５月までに比して、６～９月は低位で推移した（第1-2-42図）。ただし、ゼロコロナ方針堅持の下で、感染が拡大した地域（海南省等）では局所的な活動制限が導入された。また、10月の中国共産党大会（以下「党大会」という。）を控え省を跨ぐ旅行や帰省の自粛が求められたことから、サービス部門の生産活動の持ち直しは、鉱工業に比べて緩慢なものとなった（第1-2-43図）。10月１～７日の国慶節連休においては、旅行者数は前年比▲18.2％、旅行収入は同▲26.2％にとどまった。

第1-2-42図　中国の新型コロナ新規感染者数

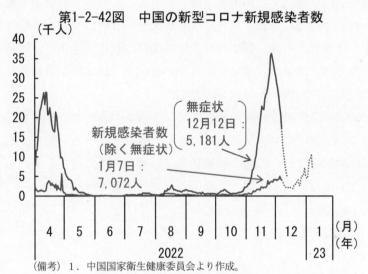

（備考）１．中国国家衛生健康委員会より作成。
　　　　２．12月７日発表の「防疫措置を更に最適化する10条の措置」を受けて検査体制を縮小した点に留意が必要（点線で表示）。
　　　　３．無症状の感染者数は12月12日を最後に公表停止。

第1-2-43図　中国のサービス業生産

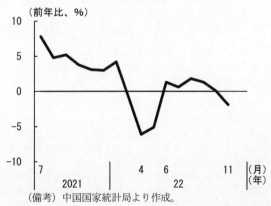

（備考）中国国家統計局より作成。

党大会（2022年10月16～22日）の記者会見では、中国の高齢者人口の多さや医療資源の相対的な不足を挙げつつ防疫措置の意義が改めて強調され[63]、党大会閉幕後も厳格な防疫措置が継続された[64]。11月に入り新規感染者数は増加テンポが加速し、11月下旬には４～５月の上海ロックダウンの時期を上回り過去最多を更新する中で、広東省（広州市）、重慶市、河南省（鄭州市）、北京市等をはじめ全国各地で感染者の増加を受け、区画や団地ごとの封鎖が相次いだ。こうした中で、11月11日に国務院は「防疫措置を最適化する20条の措置」を発表し[65]、全国統一基準での防疫措置を徹底し、各地方で過剰な防疫措置を行わないこととした（第1-2-44（１）表）。さらに、12月７日には国務院は「防疫措置を更に最適化する10条の措置」を発表し、封鎖・検査の対象を大幅に縮小した（第1-2-44（２）表）。12月13日には無症状感染者数の発表が停止されることとなった。2023年１月８日からは、新型コロナの感染症分類を引き下げ、隔離措置、濃厚接触者の判定、高リスク地域の設定等を取りやめるとともに、感染者数は月に一度の発表に変更することとした（第1-2-44（３）表）。

　これらの３段階の防疫措置の緩和を受けて、全市レベルのロックダウンや一律の休業措置は行われないこととなり、現地企業は総じて歓迎している。他方、感染により出勤できない人々の増加を受け、工場の稼働状況に影響も一部に発生している。また、感染者数の実態把握が困難となっており、商店の自発的休業や外出自粛もみられている。各地で感染拡大が続く場合、景気の下押しやサプライチェーンの問題に発展する可能性があり、注視が必要である。

---

[63] 概要は以下のとおり：(1)中国は人口大国であり、高齢者人口が多く、地域の発展が不均衡で、医療資源の総量が相対的に不足している。動的ゼロコロナを堅持してきたからこそ、極めて低い感染率、死亡率を保証してきた。(2)総合的に計算すると、中国の防疫措置は最も経済的で効果的である。
[64] 広東省広州市では2022年10月24日から、湖北省武漢市では同年10月26日から店内飲食を禁止し、一部地域で封鎖措置を開始。11月２日、河南省鄭州市の一部地域（フォックスコン社のiPhone工場周辺）が封鎖措置を開始。
[65] 2022年11月10日に党中央政治局常務委員会（最高指導部の７人）会議において審議・手配された。

第1-2-44表　防疫措置の緩和（ポイント）

（1）2022年11月11日「20条の措置」

○動的ゼロコロナの総方針は堅持。

○全国統一基準での防疫措置を徹底。

> 基準を外れた恣意的な休校、生産停止、交通遮断、診察拒否等を厳禁。

> 部品供給や生活保障に係る重点企業は「ホワイトリスト」制度を実施。

> 封鎖対象地域を「高リスク地域」に限定し、封鎖対象者数を最小化[66]。

> 濃厚接触者の隔離期間を短縮[67]、二次濃厚接触者は隔離措置の対象外。

（備考）中国国務院資料「防疫措置を最適化する20条の措置」より作成。

（2）2022年12月7日「10条の措置」

○封鎖・検査対象の縮小

> 高リスク地域は棟、フロア、住戸単位で設定し、任意に拡大しない。

> 全市民PCR検査は行わず、高リスク地域・業種で重点的に実施。

> 施設利用や省を跨る移動の際PCR検査陰性証明の提示を不要とする[68]。

> 無症状感染者、軽症者、濃厚接触者は、自宅隔離を可能とする。

> 非高リスク地域では人流を制限せず、休業措置を採らない。

（備考）中国国務院資料「防疫措置を更に最適化する10条の措置」より作成。

（3）2023年1月8日「感染症分類の引下げ」

○新型コロナの感染症分類を引下げ

> 隔離措置、濃厚接触者の判定、高リスク地域の設定等を取りやめ。

> 感染者数は月に一度の発表に変更。

（備考）中国国家衛生健康委員会より作成。

（iii）猛暑の下での電力制限

　経済規模の大きな6省[69]に含まれる四川省、隣接する重慶市では、8月中旬には猛暑と水不足を背景に電力制限が発生し[70]、生産活動が一時的に停滞した（第1-2-45図）。

---

[66] 5日間感染者なしの場合、低リスク地域に移行し、速やかに封鎖を解除。

[67] 「7日間の集中隔離＋3日間の在宅健康観察」から「5日間の集中隔離＋3日間の自宅隔離」に変更。

[68] 介護施設、医療機関、学校等を除く。

[69] 広東省、江蘇省、浙江省、四川省、山東省、河南省：全国GDPの45％に相当。

[70] 2022年7月以来「60年に一度」とされる猛暑が続き、冷房用の電力需要が急増。水不足で水力発電も低下したため、長江流域各地で工業向け電力供給の制限が行われ、工場の操業停止（四川省成都市8月15〜25日、重慶市8月17〜29日）、稼働率低下（江蘇省、浙江省、安徽省等）が発生した。

夏の観光シーズンに感染が拡大しロックダウンが導入された海南省でも経済活動の停滞がみられ、景気回復を妨げることとなった。こうした中で、5月に導入された経済安定政策パッケージ[71]に続いて、8月には「19項目の追加措置」が導入され、経済活動への一段のテコ入れが図られることとなった（第1-2-46表）。

第1-2-45図　鉱工業生産（地域別）

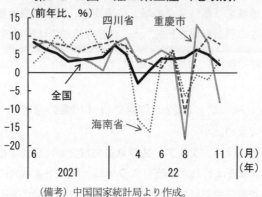

（備考）中国国家統計局より作成。

第1-2-46表　「19項目の追加措置」のポイント

金融政策	➢ 政策性・開発性金融ツールの枠を3,000億元以上追加。
	➢ 金利の市場化改革[72]の効果を持続的に引き出し、企業の資金調達コストを引下げ。
財政政策	➢ 地方専項債券の発行限度額残高5,000億元余りを活用（10月末までに発行を完了）。
	➢ 条件の熟したインフラプロジェクトの着工を許可。
	➢ 農業資材補助金を100億元追加支給[73]。
企業支援	➢ 行政の費用徴収を1四半期猶予。
	➢ 国有発電企業がエネルギー供給保障特別債券を発行。
	➢ 地方が中小零細企業・自営業者のローンリスク補償基金を設立。
	➢ プラットフォーム経済の健全で持続的な発展を促進。
住宅政策	➢ 地方が「1都市1政策」で融資などの政策を柔軟に運用し、住宅購入、買い替え需要を合理的に支援。
その他	➢ 円滑な物流の保障に注力。
	➢ ビジネス人員の出入国の便宜を図る。

（備考）中国国務院資料より作成。

---

[71] 「6分野33項目の措置」、詳細は内閣府（2022a）参照。
[72] 最優遇金利（ローンプライムレート、LPR）。中国人民銀行が設定する中期貸出ファシリティ（MLF）金利を参照し、市中銀行が設定、報告。
[73] 5月の経済安定政策パッケージにおいて300億元を支給済み。

（新体制への移行と難しさを増す経済の舵取り）

　2022年10月には、五年に一度の党大会[74]が開催され、今後の展望が示されたものの、具体的な成長率目標はなく、一方で技術革新やサプライチェーンの安全保障等が強調された（第1-2-47表）。党大会は新たな中央委員205名を選出して閉幕し、翌日の中央委員会第一回全体会議（一中全会）において、習近平総書記の続投を含む新たな最高指導部[75]が選出された。翌日、公表が延期されていたGDP統計が発表されたところ、7－9月期は前年同期比＋3.9％と、4－6月期の＋0.4％からは上昇したものの、引き続き潜在成長率[76]を下回る水準で推移した。その後は、感染再拡大の影響を受け、10－12月期は前年同期比＋2.9％と減速し、2022年通年の成長率は前年比＋3.0％となり、通年の成長率目標（＋5.5％）を下回る結果となった。

　2022年12月15～16日には、中央経済工作会議が開催され、翌年の政策運営方針を示した（第1-2-48表）。2022年については厳しい現状認識を示した[77]。2023年の経済政策の基本的態度としては、「安定」を第一に、積極的な財政政策と穏健な金融政策を継続し、マクロ政策による経済調節を強化するとした。2023年の経済見通しについては、「全体的に上向く見込み」としており、(1)防疫措置の最適化、(2)内需拡大戦略の実施、(3)不動産市場の安定的発展の確保の寄与が大きいとみられる[78]。

　リーマンショックの2009年やコロナ禍の2020年においても、中国ではインフラ投資を始めとした経済のテコ入れ策によりV字回復を達成してきた。しかし、2022年は感染症対策や不動産市場の問題等の下押し要因が残る中で、政策効果が限定的にとどまり、過去約40年間[79]と比較して低成長となっている。2022年には総人口の減少が始まる[80]など、中長期的な成長率の低下要因への対処も課題となる中（本章コラム3）、2023年に新たな指導部がどのような目標と手段によって経済運営を行っていくのかが注目されている。

---

[74] 第20回党大会、会期は10月16～22日。

[75] 7名の中央政治局常務委員、24名の中央政治局員。

[76] 中国社会科学院の推計（2021年末時点）では、約＋5.5％（本章コラム3表2）。

[77] 需要の収縮、供給ショック、期待の弱体化の「三重の圧力」が依然として大きいとした。

[78] 特に(3)において、恒大集団に代表される不動産ディベロッパーの問題の解決を明示的に中央の政策目標として掲げたのは大きな転換（従来金融当局は「個別企業の問題」と説明）。

[79] 比較可能なGDP統計のある1978年以来、中国の通年の実質経済成長率が＋6.0％未満となった年は、1981年（＋5.1％）、1989年（＋4.2％）、1990年（＋3.9％）、2020年（＋2.2％）のみ。

[80] 中国国家統計局、United Nations (2022)。詳細は本章コラム3参照。

第1-2-47表　党大会演説のポイント（経済関連等）

経済発展	➢ あくまでも質の高い発展をテーマとし、全要素生産性、サプライチェーンの強靱性等の向上に注力し、経済の質的向上と合理的な量的拡大をはかる。
科学技術	➢ 科学技術、人材、イノベーションを第一に据えて、科学教育興国戦略、人材強国戦略、イノベーション駆動型発展戦略を実施する。国の戦略的ニーズに基づき先駆的なブレークスルーを行い、基幹核心技術を開発する。
福祉	➢ 格差是正（「共同富裕」）を着実に推し進める。 ➢ 住宅は住むためのもので投機対象ではない。多様な供給と保障を進め、賃貸と購入両方を奨励する住宅制度を確立する。 ➢ 人口発展戦略を改善し、出産、養育、教育費用を引き下げる。国家戦略として高齢化に対応し、全ての高齢者が基本養老サービスを受けられるよう推進する。
環境	➢ CO2排出量のピークアウトとカーボンニュートラルを積極的かつ穏当に推進する。
多方面の安全保障	➢ 重点分野（経済、重要インフラ、金融、サイバー、データ、バイオ、資源、核、宇宙、海洋など）の安全保障体系の整備を強化する。

（備考）中国共産党発表資料より作成。

第1-2-48表　中央経済工作会議のポイント（2023年の重点事項）

1．内需拡大	➢ 消費の回復、拡大を優先課題に位置づけ。 ➢ 社会全体の投資を効果的に喚起。 ➢ 輸出による経済の下支えを継続。
2．産業体系の高度化	➢ 産業体系の自主コントロール、安全確保を保障。 ➢ 新たに5,000万トンの食糧生産能力向上行動を実施。 ➢ 先端技術[81]の研究開発、応用を推進、展開。 ➢ プラットフォーム企業による発展のけん引、雇用創出、国際競争での活躍を支援。
3．企業支援	➢ 国有企業のコア競争力を高め、ガバナンスを改善。 ➢ 民間企業の財産権、起業家の権益を保護。民間企業の難題を解決。
4．外資利用	➢ 高水準の対外開放を推進し、貿易投資協力の質とレベルを引き上げる。 ➢ 外資企業の内国民待遇に取り組む。
5．重大経済金融リスクの防止・解消	➢ 住宅引き渡しを確保。不動産セクターの合理的な融資需要を満たし、合併、買収、再編を推進。一部大手不動産企業のリスクを防止、解消し、資産負債状況を改善。 ➢ 都市ごとに施策を講じ、住宅への実需や高度化需要を支援。「住宅は住むためのもので投機対象ではない」との位置づけを堅持。 ➢ システミック金融リスク、地方政府の債務リスクを防止・解消。

（備考）新華社より作成。

（2）個人消費

（個人消費は弱含み）

　個人消費の動向に関しては、小売総額（名目）は、2022年に入り前年同月比でおおむねマイナス傾向が続いていたが、上海で移動制限措置の解除があった6月にはプラスに

---

[81] 新エネ・AI・バイオ製造・グリーン低炭素・量子計算等。

転じた（第1-2-49（1）図）。その後は＋３％前後で推移するなど持ち直しの動きがみられたが、国内各地の感染拡大を受けて10月以降はマイナスが続き、11月は▲5.9％となった。内訳をみると、移動制限等の措置の影響により全体を押し下げていた飲食サービスは、５月以降にはマイナス幅が縮小した。８月には９か月ぶりにプラスに転じていたが、その後は省を跨ぐ旅行や帰省の自粛、感染拡大の影響等から、９～11月にかけてマイナス幅が拡大している。

商品小売総額（名目値）の品目別の動きをみると、石油・関連製品は原油高を背景に堅調に推移している。また、５月まで感染拡大等により大きく落ち込んでいた自動車は、減税[82]等の消費促進策（後掲）が後押しとなり、６月にはプラスに転じたが、感染拡大を受けて11月に再びマイナス転換した[83]（第1-2-49（2）図）。また、不動産市場の低迷を反映して、家具や建材等の消費は前年比でマイナスが続いている（本章コラム２図７）。

第1-2-49図　小売総額（名目）

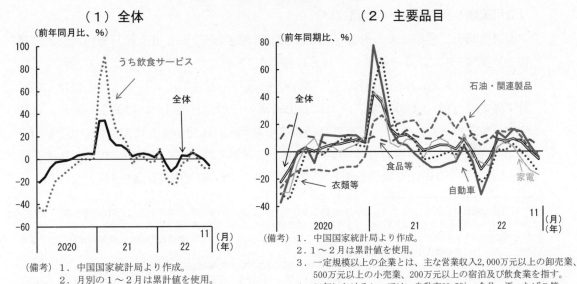

（１）全体

（前年同月比、％）

うち飲食サービス

全体

（備考）　1．中国国家統計局より作成。
　　　　　2．月別の１～２月は累計値を使用。
　　　　　3．飲食サービスが社会消費品総額に
　　　　　　占めるシェアは10.6％（21年）。

（２）主要品目

（前年同期比、％）

石油・関連製品

全体

食品等

家電

衣類等

自動車

（備考）　1．中国国家統計局より作成。
　　　　　2．１～２月は累計値を使用。
　　　　　3．一定規模以上の企業とは、主な営業収入2,000万元以上の卸売業、
　　　　　　500万元以上の小売業、200万元以上の宿泊及び飲食業を指す。
　　　　　4．21年におけるシェアは、自動車28.5％、食品・酒・たばこ等
　　　　　　15.8％、石油・関連製品13.6％、衣類等は9.0％、家電は6.1％。

感染拡大等が引き続き消費の下押し要因となっている中で、中国政府は2022年後半も

---

[82] ５月31日、財政部と税務総局は乗用車購入税を６～12月まで、10％から５％に引き下げる（販売価格が30万元未満で排気量2,000cc以下の車両）と発表。また同日、工業情報化部等４部門は新エネルギー車普及のため、５～12月を対象期間とする「新エネルギー車下郷に関する通知」を発表。2021年と比較すると対象企業や対象車種が増加。
[83] 中国汽車工業協会によると、乗用車の販売台数は４月に大幅なマイナスに落ち込んだもののその後は持ち直し、６月以降は高い伸びで推移していたが、11月には▲７％となった。

消費促進策を打ち出している。6月22日の国務院常務会議では、中古車市場の活性化を含む自動車の消費喚起を強化する方針を打ち出した。この方針を受け、商務部など17部門が7月7日に「自動車流通の活性化と自動車消費拡大のための若干の措置に関する通知」[84]を発表した。8月19日の国務院常務会議では、新エネルギー車の購入税免除政策を1年間延長し、2023年末までとすることが決定された[85]。自動車以外の分野でも政府はグリーン・スマート家電の消費喚起を強化する方針[86]を決めるなど販売支援策を打ち出している。11月22日の国務院常務会議では、経済安定化に向け、プラットフォーム経済の発展支援や電子商取引等の円滑化を通じ消費の安定と拡大を後押しすることが掲げられた。12月5〜6日に行われた中央経済工作会議では、重点分野の一つに国内の需要拡大が据えられ、消費の回復と拡大を優先する方針が示された。具体的には、都市と農村の所得増加、住宅改善、新エネルギー車、高齢者サービス等への支援が挙げられた。この他、各地方では地方政府が特定の消費活動に使用できる消費券を配布するなど、消費振興が実施されている[87]。

（雇用環境や所得はおおむね横ばい）

　雇用情勢は、感染拡大の影響等により2022年前半に6.1%まで上昇していた都市部調査失業率[88]が5月以降は低下し、9月以降は5.5%程度でおおむね横ばいで推移していたが、11月に5.7%とやや上昇した（第1-2-50図）。2022年に入って上昇し続けていた若年失業率（16〜24歳）[89]は、7月に過去最高の19.9%となった後は低下が続き、11月は17.1%となった。また、都市部新規就業者数[90]は、3月の全人代で高い目標[91]が示されたものの、前年同期の就業者数を下回って推移している。2022年1〜11月累計は1,145万人と、今年の目標を前倒しで達成したものの、前年同期比▲5.1%となった。

---

[84] 6分野12項目の措置：(1)新エネルギー車の購入及び利用の支援、(2)中古車市場の活性化、(3)自動車の買い替え消費促進、(4)自動車の並行輸入促進、(5)自動車利用環境の改善、(6)自動車金融サービスの充実等。
[85] 中国財政部と税務総局、工業情報化部は2022年9月26日、新エネルギー車の車両取得税免除期間の延長に関する公告を発表。2014年の導入以来、3回目の延長となる。
[86] 2022年7月13日国務院常務会議。新型家電への買い替えや農村部での家電普及を促す方針が示された。
[87] 例えば7月に北京市が外食やデリバリー等のため1億元の消費券を発行したほか、上海市は8〜11月の間に3回に分けて小売りや飲食等の消費券を配布。また、10以上の省区市が文化・観光の消費券を発行しており、発行額は合計で数十億元規模とみられる。そのほか、広東省や浙江省等が自動車や家電の消費促進策を打ち出した。
[88] 都市部調査失業率は、ILO基準に沿って調査され、都市戸籍を持たない農民工も含む都市部常住人口を対象としたもの。2018年3月の全人代で初めて目標に取り入れられ、2018年4月から定期公表が開始された。
[89] 中国国家統計局は、感染症の影響で企業の雇用吸収能力が低下したことや、2022年の大卒者の総数が過去最高（1,076万人）に達していることから、若者の雇用圧力は依然として高いと言及。
[90] 都市部新規就業者数は、一定の期間における、都市部の企業等の新規就業人数から離退職者や死傷による減員等の自然減分を引いた人数。
[91] 2022年の目標は1,100万人以上と、2021年と同水準に設定されたが、李克強・国務院総理は、全人代閉幕後の記者会見で、1,300万人以上の実現が望ましいと言及。

次に、所得環境をみると、一人当たり可処分所得（実質、年初来累計値）は、2021年初に前年のベースの低さから前年同期比で高い伸びとなった後低下が続いていたが、2022年7～9月の経済の持ち直しを受けて、同年1～9月は＋3.2％[92]と伸び率が小幅上昇した（第1-2-51図）。

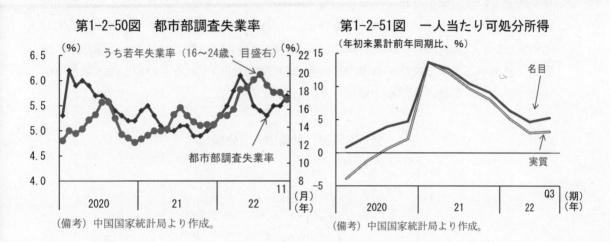

第1-2-50図　都市部調査失業率

うち若年失業率（16～24歳、目盛右）

都市部調査失業率

（備考）中国国家統計局より作成。

第1-2-51図　一人当たり可処分所得
（年初来累計前年同期比、％）

名目

実質

（備考）中国国家統計局より作成。

（3）輸出入

（輸出は弱い動き）

中国の財輸出額[93]は、2020年後半以降は前年比でおおむね2桁台の伸び率で推移していたが、感染の拡大や世界経済の減速等を背景に2022年8月以降は伸び率が低下し、10月にはマイナスに転じ、11月には▲8.9％と大幅なマイナスとなった（第1-2-52図）。主要品目をみると、2022年後半は総じて寄与が低下し、11月にかけて電気機器や一般機械はマイナス寄与となった。また、不動産市況の影響を受けやすい家具は、8月以降マイナスの寄与が続いている。個別品目では、これまでリモートワーク需要等を背景に伸びてきた自動データ処理機械・ユニット（パソコン等）は、主要都市の封鎖で2022年前半にマイナスとなり、8月以降はマイナス幅が拡大している（第1-2-53（1）図）。高い伸び率を維持してきた集積回路は、世界的な半導体の需要減速[94]を受けて7月からマイナスが続き、11月には▲29.8％までマイナス幅が拡大した。また、防疫物資（マスク、防護服等）が含まれる織物は、各国で防疫措置の緩和が続く中で、8月以降はマイナス幅が拡大している。

---

[92] 可処分所得の内訳をみると、移転収入と財産収入は全体を上回る伸びとなった一方、自営収入と賃金収入は相対的に低い伸びとなった。

[93] 輸出入額は、断りのない限り全てドルベース。

[94] 世界半導体市場統計（WSTS）によると、7月の半導体の世界の出荷額は、2年8か月ぶりに前年同月比でマイナスとなった。

財輸入額は、内需の鈍化や商品価格の下落を背景に引き続き低水準となっており、2022年半ば以降は前年比0～2％台で推移し、10月にはマイナスに転じ、11月には▲10.6％と大幅なマイナスとなった（第1-2-52図）。主要品目をみると、2021年初まで2桁台の伸び率であった鉱物性製品の寄与は低下し、一般機械と電気機器はマイナスの寄与が続いている。個別品目をみると、電気機器の中で最大の輸入品目である電子集積回路は、2022年5月以降はマイナスで推移し、11月には▲27.6％までマイナス幅が拡大した（第1-2-53（2）図）。また、鉱物性製品の中で第2位の輸入品目である原油は、国際原油価格が高水準で推移する中で2桁台の伸び率が続いているものの、輸入数量は前年比でマイナスか低い伸び率で推移している[95]。

第1-2-52図　財輸出入（金額）

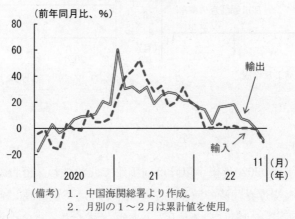

（備考）1．中国海関総署より作成。
　　　　2．月別の1～2月は累計値を使用。

---

[95] 原油の輸入数量は2021年4月以降、前年比でマイナス傾向が続いていた。10月にはプラスに転じたが、金額と比較すると数量は相対的に低い伸びとなっている。

第1-2-53図　主な個別品目

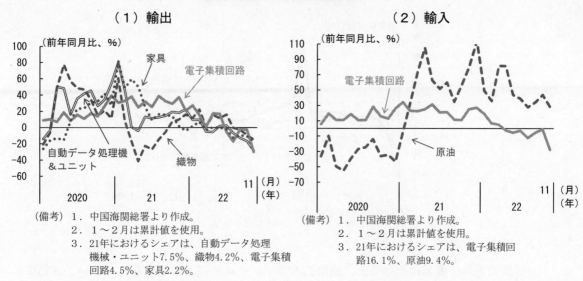

（1）輸出

（前年同月比、%）

家具
電子集積回路
自動データ処理機
＆ユニット
織物

（備考）1．中国海関総署より作成。
　　　　2．1～2月は累計値を使用。
　　　　3．21年におけるシェアは、自動データ処理
　　　　　機械・ユニット7.5%、織物4.2%、電子集積
　　　　　回路4.5%、家具2.2%。

（2）輸入

（前年同月比、%）

電子集積回路
原油

（備考）1．中国海関総署より作成。
　　　　2．1～2月は累計値を使用。
　　　　3．21年におけるシェアは、電子集積回
　　　　　路16.1%、原油9.4%。

（4）生産

（生産は持ち直しの動きに足踏み）

　鉱工業生産は、2022年前半は感染拡大を受けた防疫措置の影響で一時的に弱い動きとなっていたが、その後は一部地域での生産再開に伴い持ち直しの動きが続いた。8月以降は猛暑の影響により一部で生産活動が抑制[96]されたにもかかわらず、8月は前年比で＋4.2%と2021年後半と同程度の伸び率となり、9月には＋6.3%と約半年ぶりの高い伸び率となった。しかしながら、10月以降は感染再拡大等により伸び率が低下傾向にある[97]（第1-2-54図）。

　内訳をみると、前年比で高い伸び率が続いていた鉱業は、前年の反動[98]もあり伸び率が徐々に低下している。一方、感染拡大の影響を受けて伸び率が低下傾向にあった製造業は持ち直していたものの、9月をピークに伸び率は再び低下傾向にある。エネルギー・水供給業は、各地で猛暑により電力需要が増大したこと等から、7～8月は伸び率が顕著に上昇したが、9月以降は低下傾向となり、11月にはマイナスに転じた。

---

[96] 四川省、重慶市、江蘇省、浙江省、安徽省では、猛暑による空調需要の増大と長江流域の降雨不足による水力発電量の減少により電力需給が逼迫したため、8月に工場の操業停止や稼働時間の短縮が実施された。その後は気温低下に伴い、制限が緩和された。
[97] 国家統計局の製造業購買担当者指数（PMI）は、2022年7月以降に改善・悪化の分岐点である50を下回って推移していたが、9月は50.1とやや上昇した。国家統計局は猛暑の影響が一服したことから、製造業が一部回復したと指摘。10～11月は感染の拡大の影響等から生産と需要が減速し、再び50を下回った。
[98] 2021年後半にはオーストラリアの石炭輸入停止を受けた石炭の国内生産増加がみられた。

第1-2-54図　鉱工業生産（付加価値ベース、実質）

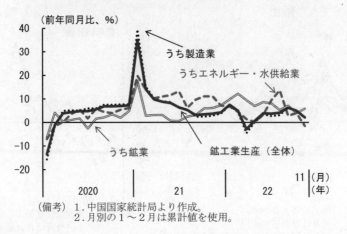

（備考）　1．中国国家統計局より作成。
　　　　　2．月別の1〜2月は累計値を使用。

　製造業の主要業種をみると、感染拡大等により4月に大幅に落ち込んでいた自動車に
ついては、生産活動の再開に伴い徐々に持ち直し、自動車減税の導入を受けて6月以降
は前年比で高い伸び率で推移したが、感染再拡大を受けて11月には急速にプラス幅が縮
小した。電気機械は2桁台の伸び率で推移している。また、鉄金属加工業（鉄鋼等）は
国内の生産抑制策[99]等を背景に2022年半ば頃まではマイナスで推移していたが、インフ
ラ投資の加速を背景に9〜11月はプラスとなった。

　他方、パソコンや携帯電話等の需要が頭打ちとなる中、高い伸び率が続いていたコン
ピュータ・通信その他電子機器は伸び率が低下している。医薬品は前年の反動もあり、
マイナスから小幅なプラスで推移している（第1-2-55図）。

---

[99] 中国政府は、2030年までに二酸化炭素の排出量を2005年比で65％以上削減することや、2030年までのカーボンピー
クアウト及び2060年までのカーボンニュートラル実現を目標として掲げている。国家発展改革委員会は2022年4月、
大気汚染防止重点地域の生産量削減等により、同年の粗鋼生産量を前年比でマイナスにするとしている。2022年1〜
11月の粗鋼生産量は前年同期比▲1.4％。

第1-2-55図　鉱工業生産（付加価値ベース、実質）：製造業主要業種

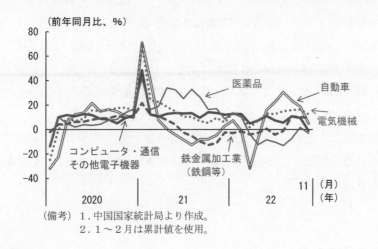

（前年同月比、％）

医薬品

自動車

電気機械

コンピュータ・通信
その他電子機器

鉄金属加工業
（鉄鋼等）

2020　　　　21　　　　22　　11（月）
（年）

（備考）　1．中国国家統計局より作成。
　　　　　2．1～2月は累計値を使用。

（5）固定資産投資

（固定資産投資は弱含み）

　固定資産投資は、2022年3月の感染拡大以降は伸び率の低下が続き、1～7月の累積で前年同期比＋5.7％となって以降、1～10月まで同＋5.8～5.9％とおおむね横ばいで推移していたが、1～11月は同＋5.3％と伸び率が低下した（前掲第1-2-41図）。製造業投資は足元で伸び率が低下し、インフラ投資は伸び率の上昇が続いているが、不動産開発投資はマイナス幅の拡大が続いている。

　製造業投資は、2022年3月末～5月末の感染拡大と各地の厳格な移動制限等により伸び率の低下が続いていたが、6月から社会活動の正常化が促進され、7月から9月にかけて小幅ながら伸び率が上昇し、1～9月は前年同期比＋10.1％となった。しかしながら、10月以降の感染再拡大により、1～10月は前年同期比＋9.7％、1～11月は同＋9.3％と伸び率の低下が続いた。

　インフラ投資は、移動制限等の影響を受けて減速した4月を除き、2022年は伸び率の上昇が続いており、1～10月は前年同期比＋8.7％、1～11月は同＋8.9％となった。2022年3月から行われている地方専項債券の発行前倒しによりプロジェクトの着工が進んだほか、政策金融機関から供給される資金[100]がレバレッジ効果を発揮したこと等がインフラ投資を促進したとみられている。2022年5月23日、国務院常務会議が発表した経

---

[100] 国家開発銀行や中国農業発展銀行といった政策金融機関が債券を発行して資金を調達し、新型インフラなど重要なプロジェクトの資本金として充当するもの。5月の経済安定化政策パッケージ（33項目の措置）では3,000億元が投入され、8月の追加支援策（19項目の措置）では更に3,000億元を投入するとされた。

済安定化政策パッケージ（33項目の措置）では、2022年分の地方専項債券は8月末までに発行を終えるとの方針が表明されていたところ、中国国家発展改革委員会は8月16日、7月末時点で発行額が発行予定額の95％にあたる3兆4,500億元に達したと発表した[101]。さらに、8月24日の国務院常務会議で発表された追加支援策（19項目の措置）では、地方専項債券の地方政府残高5,000億元を活用し、10月末までに発行を終えることが表明された。発行額は10月までに3兆9,381億元となり、通年で最多であった2020年の3兆6,019億元を上回った。

不動産開発投資は、2021年後半に恒大集団問題等を受けて伸び率が低下し、2022年も減速が続いている。2022年1〜10月は前年同期比▲8.8％、1〜11月は同▲9.8％となった（詳細は本章コラム2参照）。

（6）物価
（消費者物価上昇率は低下）

消費者物価上昇率（総合）は、2022年前半はウクライナ情勢や国内の移動制限の影響で燃料や生鮮野菜価格を中心に上昇が続いたものの、年央以降は、燃料は国際商品価格の下落、生鮮食品は供給増加と物流の改善により上昇傾向が落ち着き、伸び率の低下が続いた。

他方、豚肉価格は国内の防疫措置緩和後の需要増加と、一部業者の売り惜しみ等の影響で6月以降は価格の上昇が続いている。9月は国慶節に向けて豚肉を中心に食品価格が上昇して全体を押し上げ、10月に更に上昇したものの、11月には備蓄用豚肉の放出等による供給量の増加を受け低下したことから、消費者物価上昇率は10月同＋2.1％、11月同＋1.6％と低下した（第1-2-56（1）図）。

食品・エネルギーを除くコアCPIは、9月は前年同月比＋0.6％（前月から0.2ポイント低下）、前月比＋0.0％（前月から横ばい）、10月は前年同月比＋0.6％、前月比＋0.1％、11月は前年同月比＋0.6％、前月比▲0.2％となった[102]（第1-2-56（2）図）。

生産者物価上昇率は、2021年後半から伸びの低下が続いており、2022年前半は高い水準を維持していたものの、国際商品価格が下落傾向となる中で国内関連業種の生産価格が押し下げられ、8月は前年同月比＋2.3％、9月は同＋0.9％と伸び率の低下が続き、10月は同▲1.3％、11月は同▲1.3％とマイナスが続いた（第1-2-57図）。

---

[101] 3月の全人代では、2022年の地方専項債券の発行枠を3兆6,500億元としている。
[102] 市場関係者は、ゼロコロナ政策の堅持により、企業の先行き不安が強まり、家計は節約志向を常態化させつつあることから、食品などを除くと物価の下落圧力が強まる可能性があると指摘している。

第1-2-56図　物価上昇率

（1）消費者物価上昇率

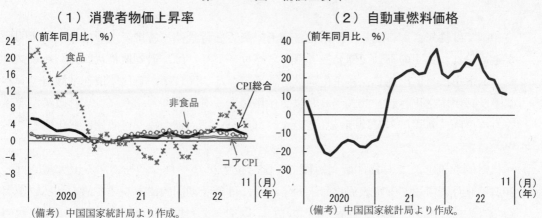

（前年同月比、%）

食品

CPI総合

非食品

コアCPI

（備考）中国国家統計局より作成。

（2）自動車燃料価格

（前年同月比、%）

（備考）中国国家統計局より作成。

第1-2-57図　生産者物価上昇率

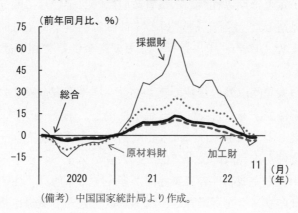

（前年同月比、%）

採掘財

総合

原材料財

加工財

（備考）中国国家統計局より作成。

コラム２：中国の不動産問題の動向

　中国では従来、人口成長、都市化、経済成長等を背景に、各地で大規模な不動産開発が進められ、大手の不動産開発業者（ディベロッパー）は、過剰債務状態でも新規プロジェクトを次々に実施し、多角化経営を進めてきた。2017年から民間債務削減（デレバレッジ）が本格化され、2020年８月に更に厳格な「３つのレッドライン[103]」政策が導入されて以降、新規借入が規制されたディベロッパーは、資金繰りが急速に悪化することとなった。

　代表的な例として、物件販売総額で中国２位のディベロッパーである恒大集団は、2021年９月に信用不安が表面化し、同年12月には猶予期間内にドル建て債の利払いを実行できず、一部デフォルト認定が行われた。以来、恒大集団は再建を目指しつつ累次の債務返済期限の延期交渉を進めている。2022年７月末に予定されていた債務再編計画の公表は年内公表予定と延期された。広東省政府は2021年12月に関与を強化し、恒大集団に作業チームを派遣した。金融当局[104]は、本件は個別事案で金融環境や関連業界への影響は無いと指摘したものの、中央銀行[105]は短期資金供給や利下げを実施した（後掲図10）。

　2022年には、恒大集団以外の複数のディベロッパーも資金繰りの悪化が進行した。利払いと債務返済を優先することで建設資金が枯渇し、未完成のまま工事が停止されたプロジェクトが多発し[106]、同年７月には未完成物件購入者の住宅ローン不払運動が拡大した。中国では、物件が未完成の段階で住宅購入者がディベロッパーに全額を払い込む方式が主流である中、未完成物件の工事停滞が多発する事態は、住宅購入者が住宅の引き渡しを受けられないリスクを意識させ、購入意欲を大きく減退させ得る（図１）。このことが一層の住宅需要低下を招き、新規プロジェクトの販売停滞、更には建設資金に充てるべき現金収入が先細りとなる悪循環が懸念されている。不払対象住宅ローンの規模は1,000億ドルを超えるとの試算も出されている（表２）。

---

[103] (1)総資産に対する負債の比率が70％超、(2)自己資本に対する純負債の比率が100％超、(3)現預金に対する短期負債の比率が100％超のいずれかに該当する場合に、借入規制を適用。
[104] 中国銀行保険監督管理委員会。
[105] 中国人民銀行。
[106] 全国で300件以上。

図1　中国の住宅販売のプロセス（未完成物件の予約販売のイメージ）

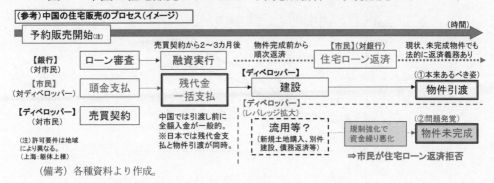

（備考）各種資料より作成。

表2　不払対象住宅ローンの規模

各商業銀行発表ベース（FT報道）	S&P Global 試算	ANZ 試算
4.1億ドル（住宅ローン貸出総額の0.01％未満）	1,450億ドル（潜在的には3,500億ドル）	2,200億ドル（未完成プロジェクト全体の住宅ローンの規模）

（備考）各種資料より作成。

　これまで恒大集団を含む大手ディベロッパーのハードランディングは避けられてきたが、抜本的な改善策はみられていない。厳格な防疫措置の継続とも相まって、不動産市況の悪化が進み、実体経済への影響は着々と顕在化している。

　主な指標をみると、不動産開発投資は、恒大集団問題が表面化した2021年後半から減速し始めた。2022年初には一旦反転の兆しがみられたが、同年3～5月の各地のロックダウン以降改めて減速し、同年1～11月累計で前年同期比▲9.8％となった（前掲第1-2-41図参照）[107]。住宅価格は、1級都市を除いた多くの都市で前月比での下落が継続しており、特に3級都市での住宅価格の下落が大きくなっている（図3）。不動産販売面積は、11月は前年同月比▲33.3％となった（図4）。金融面をみると、不動産関連融資は伸びが大幅に低下しており、不動産開発向け、家計の住宅ローン向け資金需要の低下が反映されている（図5）。

---

[107] なお、不動産開発投資は10月単月では前年同月比▲16％程度（民間調査機関試算値）。

図3 住宅価格

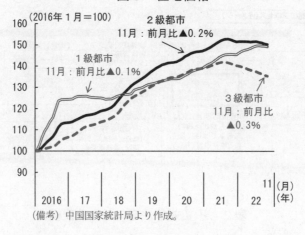

（備考）中国国家統計局より作成。

図4 不動産販売面積

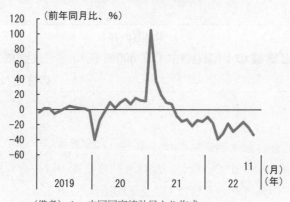

（備考）1．中国国家統計局より作成。
　　　　2．1〜2月は累計値を使用。

図5 不動産関連融資残高

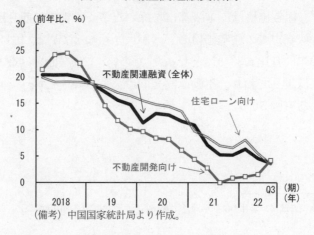

（備考）中国国家統計局より作成。

不動産セクターは、関連業界、波及効果を含め中国経済の約３割を占めるとされる[108]。2022年は住宅市場の低迷に伴い、家具・建材も前年比マイナスで推移し、消費・生産の押下げ要因となっている（図６、７）。金融機関の新規貸出は、家計向け、企業向け（中長期）が減少しており、金融機関の不動産関連貸出の慎重化がうかがえる（図８）。また、土地成約が低迷する中で、土地使用権譲渡収入は大幅なマイナスで推移しており、地方政府の財政にも影響することが懸念されている（図９）。

図６　家具・建材の小売

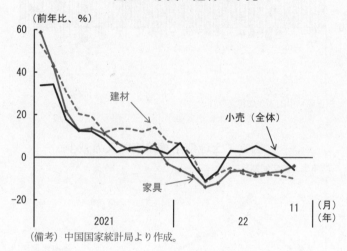

（備考）中国国家統計局より作成。

図７　家具・建材の生産

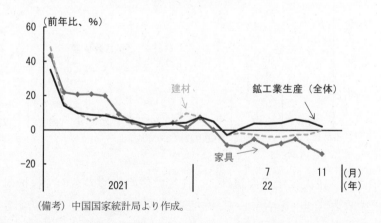

（備考）中国国家統計局より作成。

---

[108] Rogoff and Yang (2021) は、産業連関表を用いた分析により、中国の不動産関連の経済活動（建設、部品、付加価値）をGDPの28.7%（2016年時点）と推計。

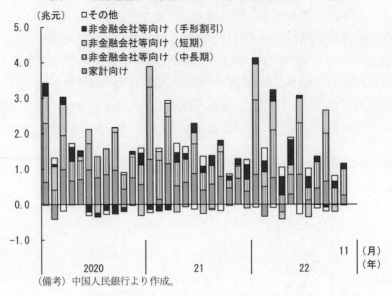

図8　金融機関の家計向け・非金融会社等向け貸出

（兆元）
- □ その他
- ■ 非金融会社等向け（手形割引）
- 非金融会社等向け（短期）
- 非金融会社等向け（中長期）
- 家計向け

（備考）中国人民銀行より作成。

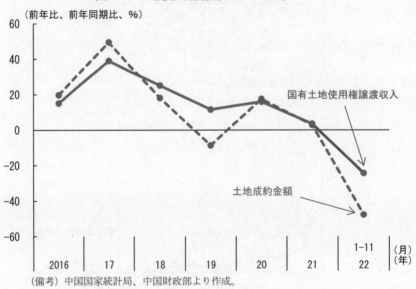

図9　土地使用権譲渡収入の減少

（前年比、前年同期比、%）

国有土地使用権譲渡収入

土地成約金額

（備考）中国国家統計局、中国財政部より作成。

　2022年7月、党中央政治局会議は、「住宅は住むためのもので投機対象ではない」「都市ごとの政策ツールを活用して、住宅の実需を支援する」との方針を改めて強調するとともに、住宅ローン不払問題への対処を地方政府に促した。以来、各種の問題に政策対応が図られている。

　（1）融資の減少に対しては、政策金利の引下げが断続的に実施されている。特に、住

宅ローン金利の参照値とされる最優遇金利（LPR）5年物については、1年物よりも大幅な引下げが実施されている（図10）。

図10　政策金利の引下げ

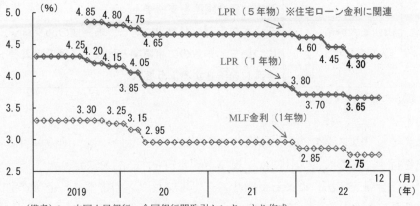

（備考）1．中国人民銀行、全国銀行間取引センターより作成。
　　　　2．LPR（最優遇貸出金利）の算出方法
　　　　　　各報告銀行は、MLF金利（中期貸出ファシリティ）の金利を参照し、資金調達コスト、
　　　　　　市場の需給、リスクプレミアム等を反映した金利を報告。全国銀行間取引センターは、
　　　　　　毎月20日に、報告値の最高値と最小値を除いた算術平均値を算出して公表。

（2）住宅需要の低迷に対しては、各地で住宅購入支援策（住宅ローン金利・頭金比率の引下げ、購入件数制限の緩和、補助金の支給等）が導入されている。

（3）住宅ローン不払問題については、対市民では、地方政府の責任で、ディベロッパーに建設再開、住宅引き渡しを履行させることとしており、各地で対策が講じられている（表11）。対ディベロッパーでは、2022年9月の発表によれば、中国住宅都市農村建設部、中国財政部、中国人民銀行は、8月から未完成物件の引き渡しを促進する都市を支援する特別措置として、政策銀行からの特別融資を開始した。9月17日、河南省鄭州市は、未完成物件の工事再開のために2,000億円相当の基金を活用するとした[109]。

---

[109] 支援基金（6兆円）の設立、建設再開向け融資（20兆円）の計画が進行中との報道も出ている。

表11　各地方の住宅ローン不払問題対応策の例

時期	地方	対応策の内容
2022年9月	河南省鄭州市 （人口約1,260万人）	10月6日までに全ての未完成物件の工事再開を指示[110]。建設再開に関して、ディベロッパーの責任を明確にし、政府は資金調達を支援する。
	山西省太原市 （人口約530万人）	ディベロッパー41社[111]に対し、未完成の56プロジェクトについて、早急の工事再開と建設完了後の購入者への引き渡しを実施するよう要求。

（備考）中国地方政府資料等より作成。

（4）システミックリスクの防止については、対地方中小銀行では、地方専項債券による資本補充を行うこととし、7月には、規模を6兆円とする旨を決定した。対重大金融リスクでは、「金融安定法」による金融リスク処理プロセスの整備、「金融安定保障基金[112]」を創設することとしている（表12）。

表12　金融リスク処理のプロセスの整備：金融安定法（草案）

（1）	処理対象金融機関の自助：主要株主等が、再生破綻処理計画に基づき、自己資本を補充。
（2）	市場からの資金調達、合併、買収、再編。
（3）	預金保険基金・業界保障基金等からの出資。
（4）	地域の安定を脅かすリスクで、市場の手段を尽くしても解消が難しい場合、　地方の公的資金を動員。
（5）	重大金融リスクで金融の安定に影響が及ぶ場合、「金融安定保障基金」を使用。

（備考）中国国務院、中国人民銀行資料より作成。

2022年10月の党大会演説では、住宅政策は「住宅は住むためのもので投機対象ではない」「多様な供給と保障を進め、賃貸と購入両方を奨励する住宅制度を確立する」と、中長期的に不動産市場を健全化していく方針が強調された（前掲第1-2-47表）。他方で、

---

[110] 対象プロジェクトは106以上、影響を受けている関係者は60万人以上とされる。

[111] 恒大集団、華僑城、富力地産、融創、遠大等。

[112] 2022年3月の全人代で同基金の創設が宣言され、4月に中国人民銀行等が「金融安定化法（草案）」のパブコメを実施。同法は未施行なるも、同基金については6月時点で「金融機関から既に646億元（約1兆2800億円）を調達し、9月までに数兆〜十数兆円規模に増やす方針」との報道あり。9月下旬、中国人民銀行は党大会前に発表した文章にて、「金融安定法の起草を主導しパブコメを実施した」「現在、金融安定保障基金の基礎的枠組は初歩的に構築され、既に一定の資金が蓄積されている」と言及。

現下の不動産市場の問題については、ディベロッパーの救済などのより抜本的な政策がなければ好転は困難との見方が市場関係者の間では拡がっている。

2022年11月、中国の金融当局は、不動産市場に対する支援策を発表した（表13）。中央政府としてディベロッパーへの支援を明示的に打ち出した政策として、金融市場では一部のディベロッパーの株価が急上昇するなど好感された。1〜10月の不動産開発投資は前年同期比▲8.8％とマイナス幅が拡大するなど悪化が続いているところ、こうした政策がディベロッパーの苦境を緩和し、住宅引き渡しを円滑化し、消費者の住宅購入マインドを好転させることが期待されている。他方で、感染再拡大を受けて各地で封鎖措置が拡がる中で、1級都市を含めて住宅価格の下落も続く中で、不動産市場の先行きは引き続き不透明なものとなっている。

表13　不動産市場に対する支援策（ポイント）

> 不動産ディベロッパー向け銀行貸出の安定化。国有／民間ディベロッパーへの融資面での差別を撤廃。返済期限が半年以内となった場合、1年延長を許可。
>
> 優良不動産ディベロッパーの社債発行に対する融資を支援。賃貸住宅や老人ホームの建設、M＆Aの資金提供を奨励。
>
> 政策銀行による「住宅引き渡し」特別貸出を支援。
>
> 個人住宅ローンの支援（頭金比率や利子率の引下げ）。

(備考) 中国人民銀行、中国銀行保険監督管理委員会「不動産市場の安定的で健全な発展の金融支援に
　　　関する通知」（6方面16条の措置）より作成。

コラム３：中国の長期経済見通しと人口問題

　中国では、累次の五か年計画において対象期間の成長率目標が設定され、例年の政府活動報告において当該年の成長率目標が設定されてきた（表１）。成長率の実績は、第11次（2006～10年）及び第12次（2011～15年）五か年計画期間中においては、成長率目標を上回ってきた。しかし、第13次（2016～20年）五か年計画期間の成長率目標（6.5％以上）の達成状況については、第14次（2021～25年）五か年計画において明記されなかった。また、第14次計画においては2021～25年の成長率目標値それ自体が設定されず、「合理的な範囲に維持し、各年の状況に基づき設定する」こととされた。この方針を踏まえ、2022年の成長率目標は同年の政府活動報告において「＋5.5％前後」と設定された。しかし、国内外の経済の下押し要因が重なる中で、2022年通年の前年比成長率は＋3.0％にとどまり、同年の目標は達成されなかった。なお2010年代には、従来の高成長（２桁成長）から中高速成長（＋７％程度）への転換を「新常態」への移行と位置づけ、成長率のみではなく構造改革やイノベーションを重視する「質の高い発展」が目指されることとなった。2020年代はコロナ禍や不動産市場の問題等の要因も重なって、成長率の低下が更に顕著になっている。中期的課題と目されてきた低成長段階への移行が、従来想定よりも前倒しされ、短期的課題として対応すべき状況となる可能性がある[113]。

表１　中国の五か年計画における平均成長率目標と実績値

	第11次 （2006～10年）	第12次 （2011～15年）	第13次 （2016～20年）	第14次 （2021～25年）
平均成長率目標	＋7.5％	＋7％	＋6.5％以上	設定せず
平均成長率実績	＋11.2％	＋7.8％	明記せず (参考)単年成長率 2020年＋2.2％	― (参考)単年成長率 2021年＋8.4％ 2022年＋3.0％

（備考）中国国務院、中国国家統計局より作成。

　中国の成長率目標は、潜在成長率も踏まえ設定されると従来から説明されているものの、潜在成長率の具体的な値は公式に文書においては発表されていない。一方で2022年

---

[113] 2020年11月の五中全会では、習近平総書記は「関係部署の試算によれば、2035年までに2020年比でGDPを倍増させることは十分可能」と発言しており、当時はコロナ禍による成長率の低下は一過性のものと捉えられていたとみられる。なお、15年間でGDPを倍増させるためには、１年あたりの成長率が＋4.73％以上となる必要があるものの、IMFの直近の予測（2022年10月）では2022年＋3.2％、2023年＋4.4％といずれも下回っている。

７月の記者会見において国家統計局報道官は「現段階での中国経済の潜在成長率は5.5〜6.5％程度が大方の結論である」と述べており、政府としての潜在成長率の想定についての示唆を与えている。なお、中国政府のシンクタンクである中国社会科学院は、2018〜2022年の潜在成長率を＋6.45％[114]、2022年の潜在成長率を約＋5.5％[115]と予測しており、同報道官の発言は本予測と整合的となっている（表２）。

表２　中国の潜在成長率

1985〜2007年	2008〜12年	2013〜17年	2018〜22年 （予測値）	2022年 （予測値）
＋10.10％	＋9.42％	＋7.08％	＋6.45％	約＋5.5％

（備考）1985年から2018〜2022年の値は中国社会科学院（2017）、2022年の値は中国社会科学院（2021）に基づく。

　国際機関による長期成長見通しについてみると、OECDが2018年に発表した長期推計（Guillemette and Turner (2018)、以下「OECD2018」という。）では、2030年までに中国のGDPが米国を上回り世界一の規模となるが、人口減少等の要因で中国の成長率が中長期的には逓減することから、2060年までにアメリカが再逆転すると見込んでいた。しかし、コロナ禍以降の状況を反映し再推計を行った2021年時点の推計（Guillemette and Turner (2021)、以下「OECD2021」という。）では、中国がアメリカを上回る時期は2030年以降に後ずれし、アメリカが再逆転する時期は2050年前までに前倒しされる見通しとなっている（図３）。

図３　OECD2021における米中GDP規模の比較

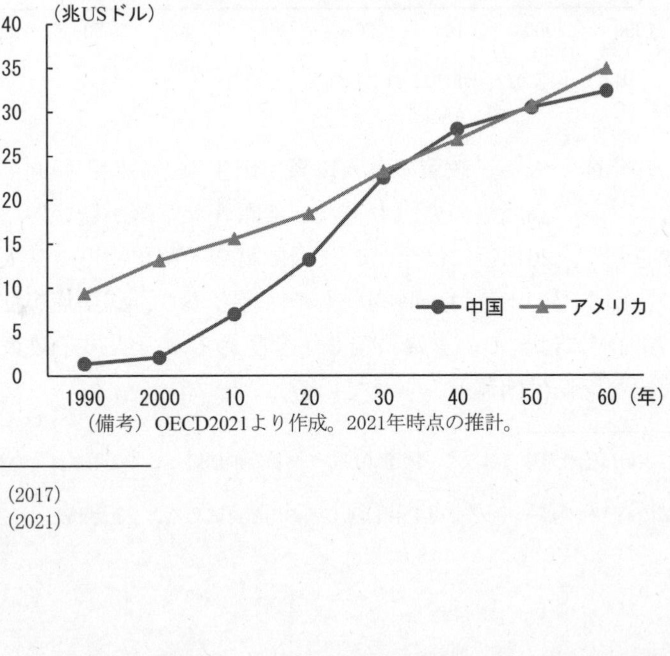

（備考）OECD2021より作成。2021年時点の推計。

---

[114] 中国社会科学院（2017）
[115] 中国社会科学院（2021）

ただし、OECD2021における長期経済推計は、その前提として国連が2019年に発表した人口推計（United Nations (2019)、以下「国連2019」という。）を用いており、中国の2020年の人口センサス（2021年5月公表）の結果を織り込んでいない点に留意が必要である[116]。人口センサスにおいては、コロナ禍の影響もあり、出生率の大幅な低下が確認された。こうした動向も織り込んで国連が2022年に発表した人口推計（United Nations (2022)、以下「国連2022」という。）においては、出生率の見通しを2019年時点の想定から大幅に下方修正し、2022年にも人口減少が始まる見通しになっている（図4、図5、図6）。実際に、2023年1月に中国国家統計局から発表された中国の2022年の総人口は14億1,175万人であり、前年から85万人の減少となった。一方、OECD2021では、2030年頃まで人口が増加する想定となっている。OECDの人口想定が国連の最新の推計を反映する場合には、中国の成長率見通しが下方修正される可能性がある。

図4　中国の総人口の見通しの比較

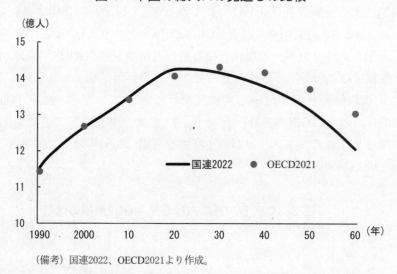

（備考）国連2022、OECD2021より作成。

　中国では、1979年の一人っ子政策の導入以降、出生率[117]が低下傾向となり、都市化や住宅価格・教育コストの高騰等の要因も重なって顕著な下落が続いた。2013年には産児制限が一部緩和され[118]、2016年には全ての夫婦に第2子を認める「二人っ子政策」が導入されたものの、出生率の上昇は一時的なものにとどまり、感染症が拡大した2020年は1.3となった。2021年には全ての夫婦に第3子を認める「三人っ子政策」が導入されたが、出生率の大幅な反転は困難とみられている。

---

[116] OECD 2021では、人口は推計対象ではなく、国連2019の予測値が前提値として活用されている。
[117] 合計特殊出生率。
[118] 2013年には、夫婦のいずれかが一人っ子の場合には第2子の出産を認めることとされた。

図5 中国の出生率（国連人口推計）

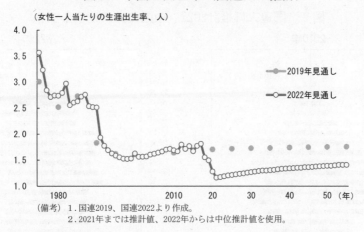

（女性一人当たりの生涯出生率、人）

（備考）1．国連2019、国連2022より作成。
　　　　2．2021年までは推計値、2022年からは中位推計値を使用。

図6 中国の総人口・生産年齢人口（国連人口推計）

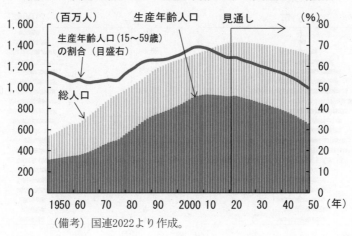

（備考）国連2022より作成。

　国連2022で示された中国の人口ピラミッドをみると、2018年以降の出生率の大幅な低下を反映して、2022年時点の0〜4歳世代の人口規模の顕著な縮小がみられる（図7）。以降も前述の低い出生率により、各世代人口が小規模にとどまって推移することで、2050年時点の総人口は13億1,264万人と推計されており、これはOECD2021の想定（13億7,071万人）を3.9％下回っている。中国の生産年齢人口（15〜59歳）は、2011年の9.3億人をピークに減少が始まっている（2020年は9.1億人）。国連2022によれば、生産年齢人口は、2020年代は年率平均で▲0.6％、2030年代は同▲1.0％、2040年代は同▲1.8％と減少が加速する見通しであり、これは不動産需要や消費を押し下げるとともに、中長期的な潜在成長率を押し下げることが懸念されている。

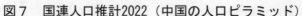

図7 国連人口推計2022（中国の人口ピラミッド）

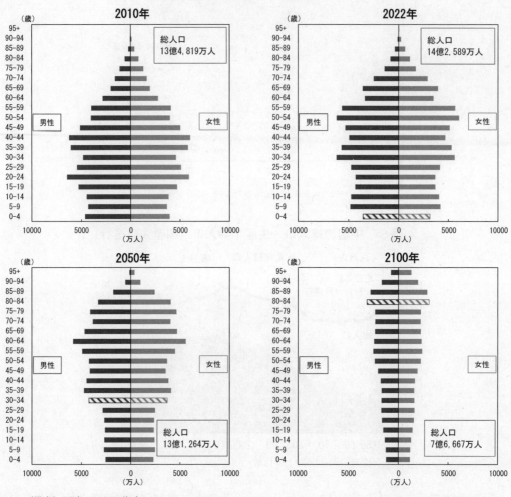

（備考）国連2022より作成。

　2022年10月16日に行われた党大会演説では、成長率目標は示されず、質の高い発展に取り組むとしつつ、人口発展戦略の改善と、国家戦略として高齢化対策に取り組むことが強調された（前掲第1-2-47表）。感染症の拡大を経て、成長率と出生率の低下がかつての想定よりも顕著に早まる中で、人口問題への対応と中長期的な成長の姿をどのように具体化していくのかが注目される。

3．ヨーロッパ経済

　ユーロ圏経済は、景気は緩やかに持ち直している。ウクライナ情勢の長期化に伴うエネルギー危機が懸念される中で10－12月期の実質GDP成長率はプラス成長を堅持している。英国経済は、景気は足踏み状態にある。物価高騰が経済活動を下押しする動きがみられ、7－9月期の実質GDP成長率は6期ぶりのマイナス成長となった。本項では、2022年後半の欧州経済の動向に焦点を当ててみていく。

（1）景気
（ユーロ圏は緩やかな持ち直しが続くが、英国は足踏み状態）
　ユーロ圏経済は、2022年10－12月期の実質GDP成長率が前期比年率＋0.5％となるなど、7期連続でプラスとなった（第1-2-58図）。ただし、需要項目別の内訳が公表されているのは7－9月期の値までであるため、同期の需要項目内訳をみると、特に総固定資本形成と個人消費が押し上げに寄与した。輸出も前期から増加し、押上げに寄与したものの、輸入の伸びが輸出を上回った。総固定資本形成については、知的財産生産物による押上げが大きくけん引した形となった（第1-2-59図）[119]。
　個人消費と輸出についてユーロ圏の最大構成員であるドイツの動向から確認してみる。ドイツの10－12月期の実質GDP成長率は、前期比年率▲1.0％となった（第1-2-60図）。需要項目別の内訳は公表されていないが、ドイツ連邦統計局によれば、個人消費が主たる押下げ要因とされている。需要項目別の内訳が公表されている7－9月期をみると、個人消費は、記録的な物価高やエネルギー価格高騰の中ではあったものの、感染症関連の制限の大半が解除されたことで、バカンス需要等を背景に増加した。なお、他のユーロ圏主要国では、スペインにおいて、同様にバカンス需要を背景とした個人消費の伸びがGDPをけん引した。
　次に、ドイツの輸出入について、財・サービス別についてみると、世界的なサプライチェーンの制約が緩和する中で財は輸出入共に増加するものの、ドイツ人の国外消費が訪独外国人のドイツ国内での消費を上回ったことを受けて、純輸出の前期比はマイナスとなった。
　英国経済は、2022年7－9月期の実質GDP成長率が前期比年率▲1.2％となるなど、6四半期ぶりにマイナスとなった（第1-2-61図）。個人消費がマイナスとなり、全体を押

---

[119] 2022年7－9月期のユーロ圏の総固定資本形成の高い伸びは、アイルランドにユーロ圏外から巨額の知的財産が移されたことにより、GDPの構成項目である知的財産生産物をその一部として含む総固定資本形成が大きく上振れしたことによるものとみられる。同国における巨額な知的財産生産物の移転に伴うユーロ圏GDPの押上げは過去にもあり、翌期にその反動で大きな下振れを引き起こしている（内閣府（2021））。

し下げた。衣類・履物、家庭用品、食料、輸送等の幅広い品目で減少した。これに対して、政府消費は、ウクライナ情勢を受けた国防関連の支出増加により前期比でプラス、輸出入は輸出が非貨幣用金をはじめ、機械・輸送機器、燃料等で増加したことにより、純輸出で増加となった。

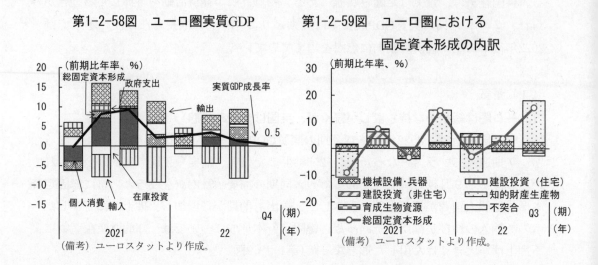

第1-2-58図　ユーロ圏実質GDP

（備考）ユーロスタットより作成。

第1-2-59図　ユーロ圏における固定資本形成の内訳

（備考）ユーロスタットより作成。

第1-2-60図　ドイツ実質GDP

（備考）ドイツ連邦統計局より作成。

第1-2-61図　英国実質GDP

（備考）英国国家統計局より作成。

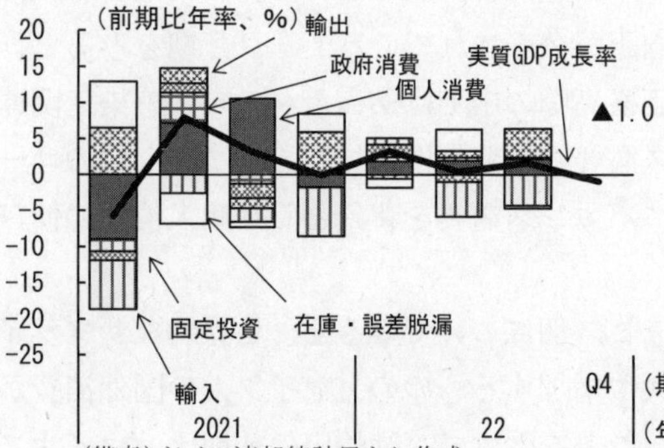

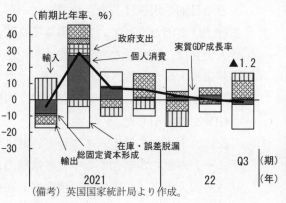

（先行きは2023年にかけて減速が見込まれる）

一方、先行きについてみると、ユーロ圏、英国経済共にエネルギー価格高騰を背景とした物価上昇圧力の高まりや、これを抑制するための速いテンポでの金融引締めの影響を受けて、経済見通しが下方修正されている。

IMFの見通しを確認すると、ユーロ圏、英国経済は2022年後半から2023年にかけて減速すると見込まれている(第1-2-62図)。2023年の見通しについてみると、ユーロ圏は前

回より上方修正されているが、その背景として、前年からの堅調な国内需要のキャリーオーバー効果、エネルギー価格の低下、エネルギー価格抑制策や現金給付等の追加的な財政効果の影響が、ECBによる利上げテンポの加速や実質所得の落ち込みを相殺するとしている。他方、英国については、財政及び金融政策、資金調達環境の引締め、エネルギー卸売価格の高止まりによる個人消費の抑制を要因として下方修正されている。

第1-2-62表　IMFのGDP見通し

(前年比、%)

	22年	23年	24年
ユーロ圏	3.5 (3.1)	0.7 (0.5)	1.6 (1.8)
ドイツ	1.9 (1.5)	0.1 (▲0.3)	1.4 (1.5)
フランス	2.6 (2.5)	0.7 (0.7)	1.6 (1.6)
イタリア	3.9 (3.2)	0.6 (▲0.2)	0.9 (1.3)
スペイン	5.2 (4.3)	1.1 (▲0.2)	2.4 (2.6)
英国	4.1 (3.6)	▲0.6 (0.3)	0.9 (0.6)

（備考）IMF (2022d), IMF (2023a)より作成。
　　　　() 内は10月見通し。

（2）個人消費
（ユーロ圏は持ち直しに足踏み、英国は弱含み）
　次に、物価高騰の影響が懸念される個人消費について、財、サービス別にみていく。
　財消費の動向について、実質小売売上高で確認してみる。ユーロ圏、英国共に夏以降低下傾向にあり、特に英国については前月比（3か月移動平均）が13か月連続でマイナスとなるなど低迷している（第1-2-63図）。これらの背景を品目別の動きから確認してみる（第1-2-64図、第1-2-65図）。ユーロ圏、英国共に物価高騰の影響（後述「（5）物価」参照）から数量が減り食料品等の売上が低迷している。自動車燃料の売上については英国では低迷している一方で、ユーロ圏では2022年8月にかけてコロナ前の2019年水準へと回復しているが、これはドイツにおいて当該期間に燃料価格高騰に対応した家計支援策等の効果[120]によるものと考えられる。
　次にサービス消費の動向について、欧州委員会サービス業マインド調査で確認してみる。サービス消費に関連する旅行代理店、宿泊業、飲食サービス業の景況感は、2022年春先からの行動制限の緩和を受けてサービス業の改善が続いていたが、5、6月頃をピ

---

[120] ドイツは2022年6月1日〜8月31日の期間中、エネルギー税の引き下げを実施。1リットル当たりガソリンは約30セント（約42円）、ディーゼルは約14セント（約20円）の価格引き下げ効果。

ークとし、その後改善のテンポが鈍化している（前掲第1-1-15図）。その背景としては、挽回需要のはく落や物価高騰による実質可処分所得の減少によるサービス需要の低迷があるものと考えられる。

上記のようにユーロ圏の消費は、夏季まではサービス消費を中心に底堅さをみせていた。しかし、冬季に向けたエネルギーの安定的な確保に迫られていたほか、物価高騰及びその抑制に向けた金融引締めが進展する中で、経済の先行きに対する不透明感が増している。これらが消費マインドを更に冷え込ませ、消費を下押しするリスクとなるため、今後ともその影響を注視する必要がある。

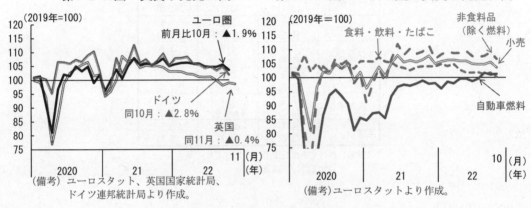

第1-2-63図　実質小売売上高

第1-2-64図　ユーロ圏の実質小売売上高

（備考）ユーロスタット、英国国家統計局、ドイツ連邦統計局より作成。

（備考）ユーロスタットより作成。

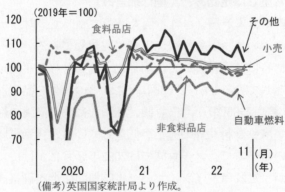

第1-2-65図　英国の小売売上高

（備考）英国国家統計局より作成。

（3）生産

（ユーロ圏は横ばい、英国は弱含み）

生産の動向について、鉱工業生産で確認してみる。ユーロ圏は2022年初から横ばいとなっている。ユーロ圏最大の製造業部門をもつドイツの生産は、３月にロシアのウクライナ侵攻に伴うサプライチェーンの混乱の影響から大きく減少しており、その後も侵攻

前の水準に回復することなく横ばいとなっている（第1-2-66図）。業種別でみると、エネルギー集約産業である化学工業や金属工業等において、10月は前年同月比▲12.6％と大きく減少しており、エネルギー価格の高騰による影響を大きく受けているものとみられる。

　また、ユーロ圏製造業への供給制約の影響を確認してみる。ユーロ圏の製造業企業に生産活動の制約となる主要因を質問し、そのうち「材料・機器不足」を挙げた企業の割合を示した結果をみると、ユーロ圏及びドイツ共に、2022年1－3月期にピークをつけた後、緩やかに低下しており、供給制約が緩和しているものと考えられる（第1-2-67図）。

　次に、英国の鉱工業生産をみると、2022年春からほぼ横ばいとなっていたが、10月に前月比（3か月移動平均）が5か月連続でマイナスとなるなど弱含んでいる。内訳をみると、変動の大きい基礎的医薬品等一部の業種が押し上げに寄与していたものの、金属製品等を始めとして、13セクターのうち9セクターで前月を下回った（3か月移動平均）。

　また、供給制約の影響を製造業PMIのサプライヤー納期指数から確認すると、依然として中立水準は下回り、材料不足やサプライチェーンの問題があるとの回答もみられているものの、2021年冬頃からおおむね改善傾向にある（第1-2-68図）。

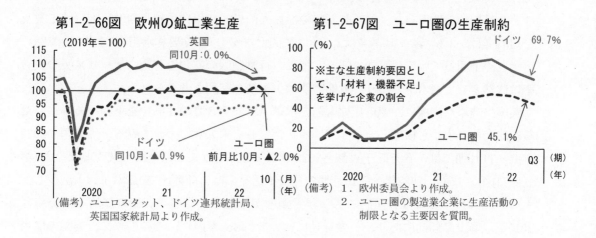

第1-2-66図　欧州の鉱工業生産

（2019年＝100）　　　　英国
同10月：0.0%

ドイツ
同10月：▲0.9%

ユーロ圏
前月比10月：▲2.0%

（備考）ユーロスタット、ドイツ連邦統計局、
　　　英国国家統計局より作成。

第1-2-67図　ユーロ圏の生産制約

（%）　　　　　　　　　ドイツ　69.7%

※主な生産制約要因とし
て、「材料・機器不足」
を挙げた企業の割合

ユーロ圏　45.1%

（備考）1．欧州委員会より作成。
　　　2．ユーロ圏の製造業企業に生産活動の
　　　制限となる主要因を質問。

第1-2-68図　英国のサプライヤー納期指数

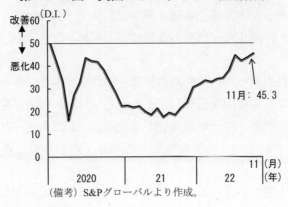

（備考）S&Pグローバルより作成。

（4）雇用・賃金
（雇用は堅調さを維持）

　雇用情勢について、失業率、欠員率、求人数の動向で確認する。ユーロ圏失業率は2021年初来低下傾向にあり、コロナ前の水準（2020年３月の7.2%）を下回って推移した後、2022年春頃からほぼ横ばいとなっている（第1-2-69図）。欠員率についてみると、2020年７－９月期に上昇傾向に転じたのち、2022年７－９月期では、鉱工業及び建設業で2.8%、サービス業3.6%、民間セクター(除く農林水産業)全体3.3%といずれも同年４－６月期から低下した。ただし、感染症拡大前の2019年10－12月期の水準（鉱工業及び建設業は2.3%、サービス業は2.5%、民間セクター(除く農林水産業)全体は2.3%）は大きく上回っている（第1-2-70図）。特に、行動制限の緩和を背景にサービス業の欠員率は依然として高水準であり、労働需要は引き続き堅調と考えられる。

　英国失業率も同様に、感染症拡大前の水準（2020年３月の４%）を下回って推移した後、2022年春頃から横ばいとなっている。ただし、求人数についてみると、英国の2022年９－11月期では、６万５千人減と2022年５－７月期以来５期連続の減少となった（第1-2-71図）。また、2022年８－10月期の経済不活発率は、前期比で0.2ポイント減少したものの、2019年以降上昇傾向にあり非労働者が増加している（英国の経済不活発率は2019年以降上昇傾向にあり、その背景についてはBox参照）。このように、英国の雇用情勢には需給の両面から変調の兆しがみられることから、引き続き今後の動向を注視する必要がある。

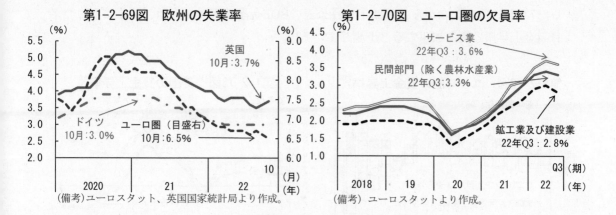

第1-2-69図　欧州の失業率

（備考）ユーロスタット、英国国家統計局より作成。

第1-2-70図　ユーロ圏の欠員率

（備考）ユーロスタットより作成。

第1-2-71図　英国の求人数

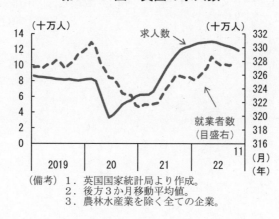

（備考）　1．英国国家統計局より作成。
　　　　　2．後方3か月移動平均値。
　　　　　3．農林水産業を除く全ての企業。

（賃金は上昇するも物価上昇には追いついていない）

　次に、賃金動向を確認する。ユーロ圏の名目賃金上昇率は上昇傾向にあるが、2022年
7－9月期は、前年同期比＋2.0％と前期から伸びが鈍化している（第1-2-72図）。一方
で実質ベースでは、前年同期比でマイナスとなっている。ユーロ圏は労働需給が引き締
まる中で賃金は上昇しているが、物価高騰を上回るほどの賃金上昇には至っていない。
なお、ドイツは2022年10月に最低賃金の引上げ（10.45ユーロ→12ユーロ）を決定してい
るが、9月に公表されたifo経済研究所見通しによると、最低賃金の引上げが幅広い所
得階層における水準の引上げをもたらし、2023年半ばにかけて実質家計所得が増加し、
個人消費を押し上げる可能性があると予測している[121]。

　英国の名目賃金上昇率はこのところ横ばい傾向にあり、2022年10月は前年比＋6.4％
となっている。ただし、実質ベースでみると、前年同期比でマイナスとなっている（第

---

[121] Ifo (2022)

1-2-73図）。しかしながら、2022年11月公表のBOE金融政策委員会は、年末にかけて名目賃金上昇率は更に加速すると予測している[122]。

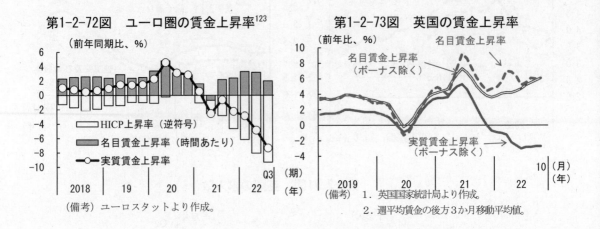

第1-2-72図　ユーロ圏の賃金上昇率[123]

（前年同期比、％）

HICP上昇率（逆符号）
名目賃金上昇率（時間あたり）
実質賃金上昇率

（備考）ユーロスタットより作成。

第1-2-73図　英国の賃金上昇率

（前年比、％）

名目賃金上昇率

名目賃金上昇率
（ボーナス除く）

実質賃金上昇率
（ボーナス除く）

（備考）　1．英国国家統計局より作成。
　　　　　2．週平均賃金の後方3か月移動平均値。

---

[122] BOE (2022)
[123] 一時間当たり労働コストのうち、雇用主が現金または現物で従業員に支払った直接報酬のほか、ボーナス及び諸手当、財形への支払い、休業手当を含む。

Box.　英国における経済不活性率の上昇

　英国国家統計局（以下「ONS」）の分析（ONS（2022））によると、2019～2022年の経済不活発率（16～64歳で過去４週間求職活動をしていない、および／または今後２週間以内に仕事を開始することができない無職の人の割合）は上昇しており、その主な理由に長期疾病が挙げられている（図１）。

図1　英国における経済不活発率の要因別件数

（1）英国の経済不活発率　　　　　　　（2）経済不活発の要因

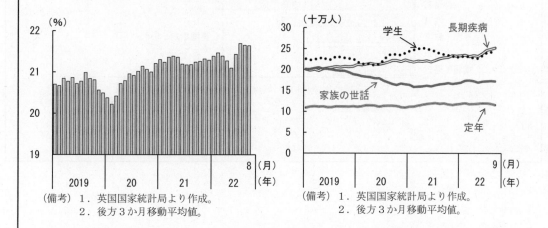

（備考）1．英国国家統計局より作成。
　　　　2．後方３か月移動平均値。

（備考）1．英国国家統計局より作成。
　　　　2．後方３か月移動平均値。

　ONSは、感染症の後遺症といった直接的な影響のほか、在宅勤務の増加による背中や首への慢性疾患、精神疾患の増加といった感染症の拡大に伴う健康への広範な影響が、長期疾病を理由とする経済不活発化率の上昇をもたらした可能性があると指摘している。また、原則無料で提供される国民保険サービス（NHS）の待機時間の長期化や労働力人口の高齢化による影響も考慮される必要があるとしている。

　ここで、ONSが実施した年齢層別の調査結果をみると、長期疾病を理由として経済不活発状態にある者の半分以上が50歳～64歳であった。ただし、増加のテンポをみると、2019年から2022年にかけて増加率が最も高かったのは25歳～34歳の若者で、50歳～64歳が同期間において16％の上昇を示したのに対し、42％の上昇となっており、特に感染症拡大以降の増加が顕著で、また精神疾患の増加が多かったととしている。

　この他、ONSでは、2021年４月から2022年３月の間、長期疾病を理由とした経済不活発率の上昇について業種や職業別の分析も行っている。業種別では「小売業」が最も多く、次いで「運輸・倉庫業」、「飲食・宿泊業」、「健康」、「建設業」、「製造業」といった他者に接する必要がある業種において英国平均より多く、在宅勤務が浸透して

いる「情報・通信」、「行政」、「専門・科学技術」で少なかったとし、対人接触機会の多寡による影響の可能性を指摘している（図２）。職業別では、単純労働職で多く専門職や管理職で少なく、相対的に低賃金の職業で多いと分析している。

図２　英国における業種別の長期疾病を事由とした経済不活発率の上昇

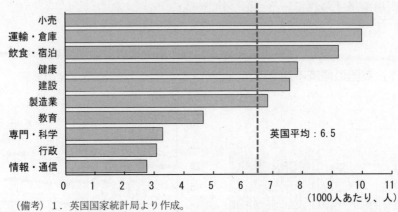

（備考）　１．英国国家統計局より作成。
　　　　　２．期間は2021年４月から2022年３月

（5）物価

（物価上昇にはエネルギーと食料が大きく寄与）

　ユーロ圏と英国の消費者物価上昇率は、2022年11月にはそれぞれ前年同月比＋10.1％、＋10.7％といずれも高い水準となっている（第1-2-74図）。生鮮食品及びエネルギーを除いたコア物価上昇率についてもユーロ圏、英国それぞれ同＋6.6％、＋7.0％と引き続き高水準である（第1-2-75図）。物価上昇の要因をみるために11月の総合指数に対する品目別寄与度をみると、エネルギーと食料品がユーロ圏ではそれぞれ3.8％ポイント、2.7％ポイント、英国ではそれぞれ3.7％ポイント、1.9％ポイントとなっており、両経済の消費者物価上昇率の押上げに大きく寄与している。ユーロ圏のエネルギー価格の前年同月比は、3月以降、35～44％前後の高水準で推移しており、総合指数に対する寄与度も3.7％ポイント～4.4％ポイントと大きい。エネルギーの内訳項目をみると、ガソリン代の寄与度が低下傾向にある一方で、ガス代の寄与度は引き続き上昇傾向にある。エネルギーは前年からのベース効果が減衰していたものの、ロシアによる欧州へのガス供給制限によってガス卸売価格が高水準にあり、引き続きエネルギーの寄与度が高水準で推移していると考えられる。

　先行きについてみると、EU及びその加盟国は、今冬に向けて物価高騰対策を実施していることから、エネルギー価格の上昇は一定程度抑制されるものと考えられる（詳細は第1節第5項参照）。ただし、欧州委員会の秋期見通しによれば、今後の物価動向について、ガスの先物価格がピークに達するのは2023年初頭であり、小売価格への転嫁は更に長引くと見込まれている。そのために2022年におけるベース効果を考慮しても、エネルギー価格の上昇率は高止まりすると見込まれている。

　英国では、公共料金の改定により、エネルギー価格上昇率がピークを迎えると見込まれていた10月に、家計向けエネルギー料金に上限（エネルギー価格保証：EPG）が設定された（詳細は第1節第5項）。その効果についてONSは、10月の消費者物価指数（CPIH[124]）の前年比における「電気・ガス・その他燃料」の寄与度は2.6％ポイントであったが、EPGがなければ4.8％ポイントまで上昇していたと推計している。

　なお、上記の上限設定を含む英国の物価対策については、トラス首相の退陣を受けて修正がなされていることから、今後の効果については再度評価が必要である。

---

[124] CPIHとは、英国のCPIが帰属家賃を含まないの対し、これを含むもの。

第1-2-74図　欧州の消費者物価上昇率の寄与度の推移

（1）ユーロ圏　　　　　　　　　　　　　　（2）英国

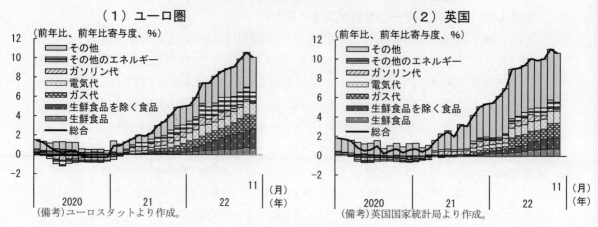

（備考）ユーロスタットより作成。　　　　　　　（備考）英国国家統計局より作成。

第1-2-75図　欧州の消費者物価上昇率

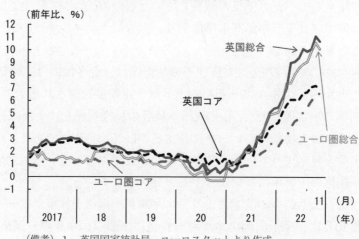

（備考）　1．英国国家統計局、ユーロスタットより作成。
　　　　　2．コア物価はエネルギー・非加工食品を除く。

第3節　先行きのリスク要因

　本節では1節及び2節における分析を踏まえ、先行きの主なリスク要因について整理する。

（物価上昇と急速な金融引締めに伴う影響）

　1節で紹介したとおり、2023年の消費者物価上昇率は、国際機関の見通しによれば、アメリカが4.0％、ユーロ圏が5.7％、英国が9.0％であり、引き続き金融当局の目標を上回っている。また、金融当局は2023年に入っても利上げを行うことを示唆している。しかしながら、これまでの急速な金融引締めの影響が実体経済においてまだ確認されていないとの認識も示されており[125]、そのために追加的な金融引締めが過度な需要抑制をもたらす可能性があることには留意が必要である。また、金融資本市場に与える影響については不確実性が高く、今後ともユーロ圏における一部の国とドイツとの国債利回り差の拡大、債券・株式市場のボラティリティの高まり、新興国等における為替相場の大幅な変動や資金流出入には注視が必要である。

（中国の感染再拡大と不動産市況の悪化）

　中国では、2022年11月、12月、2023年1月に3段階の防疫措置の緩和が行われる中で、感染が拡大することとなった。中国の感染症対策当局[126]は、2022年12月時点では、2023年3月までに感染拡大の波が3回あると予測していた[127]。防疫措置の緩和は、全市ロックダウンや一律の休業措置を行わないことで、サプライチェーンの大規模な目詰まりが回避されるという利点がある一方で、感染者数の減少に時間を要することとなり得る。また、感染が収束した後も、消費や生産等が回復するには、一定の期間を要する可能性がある。このため、感染拡大の影響の長期化による下振れリスクに留意する必要がある。さらに、中国経済の減速が貿易を通じて各国経済に波及する影響について、動向を注視する必要がある。

　加えて、不動産市況の悪化による不動産業の停滞、関連業種への波及が、引き続き懸念される。2022年11月に金融当局が発表した不動産市場への支援策[128]は株式市場で好感

---

[125] 2022年12月のECB理事会（Europnean Central Bank (2023)）においては、「これまでの利上げの影響の一部が、まだ実体経済において確認されていないため、過度な需要抑制を引き起こさないよう留意が必要であった。」との議論が行われている。

[126] 中国疾病予防管理センター（CCDC）。

[127] (1)2022年12月中旬～2023年1月中旬（主に都市部）、(2)2023年1月下旬～2月中旬（旧正月連休の帰省・旅行で地方部にも拡大）、(3)2023年2月下旬～3月中旬（連休後の職場復帰により都市部で改めて感染拡大）。

[128] 中国人民銀行・中国銀行保険監督管理委員会（2022年11月）「不動産市場の安定的で健全な発展の金融支援に関する通知（6分野16条の措置）」。

されたが、ディベロッパーの債務問題の根本的な解決に至るかは未知数となっている。また、感染動向とも重なり、消費者の住宅購入マインドは好転しづらい局面が続いている。波及効果を含め中国のGDPの3割を占めるとされる不動産関連部門が、前年比で2桁のマイナスの伸びとなっている状況は、中国のマクロ経済、引いては世界経済にも影響が大きいところ、新たな政策措置を受けて不動産市場が底入れないし反転に向かうか、今後の動向に引き続き注視が必要である。さらに、近年は不良債権比率の低下がみられているものの、企業業績の悪化による潜在的な不良債権の増加など、不動産部門における金融面でのリスクに対する指摘もなされている[129]。不動産部門の問題の長期化による銀行や地方政府の財務状況の更なる悪化は、中長期の成長を抑制する懸念があり、引き続き注視が必要である。

（ウクライナ情勢の長期化・深刻化に伴うエネルギー確保）

　ロシアによるウクライナ侵攻は原油や天然ガスといったエネルギー価格の高騰を招き、エネルギー安全保障の重要性が改めて認識されることとなった。ウクライナ情勢は、不確実性が高い状況が継続しており、欧州は、短期的にはエネルギー確保及び節約に注力しつつ、中長期的な脱炭素化への対応が求められている。

　特にエネルギーの確保については、欧州は2022年冬が厳冬[130]となった場合、春を待たずに天然ガスの貯蔵レベルが著しく低下し、更に不足に陥る可能性もある。また、今後は、ロシア側の供給遮断ないし欧州側の脱ロシアの動きにより、ロシア産ガスの供給が期待できない可能性も考えられ、2022年冬のエネルギー確保が間に合わない可能性もある。さらに、既に欧州側のLNGの受入能力は上限に近く、FSRU[131]の早期設置にも限界があることから、現時点以上にLNG輸入量を拡大することは短期的には難しいとの見方もある[132]。欧州のエネルギー確保の状況については注視していく必要がある。

（その他の地政学的な要因による中国における経済活動の抑制とその波及）

　在中国アメリカ企業へのアンケート調査によれば、米中貿易摩擦が販売の減少、供給先の変更や中国への投資の遅滞等、現地における企業活動に影響を与えたとの結果が示

---

[129] 後掲Box「中国の不動産市況の悪化と不良債権問題」を参照。

[130] 欧州中期予報センター（European Center for Medium-Range Weather Forecasts, ECMWF）によると、2022年12月から2023年3月にかけて東欧やバルト諸国の一帯は平年より暖かく、それ以外の地域はおおむね平年並み（2022年11月時点）。

[131] 浮体式LNG貯蔵再ガス化設備（Floating Storage and Regasification Unit）。陸上に設置するLNG基地と比して、タンク容量は制限されるものの、工期やコストを抑えることが可能とされる。

[132] JOGMEC（2022）。

されている[133]。また在ASEANアメリカ企業へのアンケートでは、今後中国企業との更なる競争にさらされるとの危機感が示される一方で、新たなサプライヤーを探す米国企業からの需要増、それに伴う中国からの事業活動・人材・投資のシフトが発生しうるとの見込みが示されている[134]。2022年10月にはアメリカの対中国向け半導体輸出管理追加措置が公表されており、米中貿易摩擦は更に高まっているところ、今後の中国における米国企業の活動、米中貿易とその各国の経済活動への影響には引き続き注視が必要である。

---

[133] US-China Business Council (USCBC) (2022) "Member Survey"（対象企業数は在中米国企業の117社で、大半の企業が在中ビジネス歴20年以上）によると、2022年6月時点では、米中貿易摩擦の影響を受けたと回答した企業は87%にのぼり、過去5年間で最高の値となった。具体的な懸念事項としては供給の不確実性の高まりに伴う販売の減少（45%）、供給先の変更（37%）、中国への投資の遅れや中止（36%）が挙げられている。なお、同調査のうち防疫措置の影響に関する部分については後掲第2-2-17図参照。
[134] American Chamber of Commerce (AmCham) (2022) "2022ASEAN Business Outlook Survey"（回答企業数は在ASEAN米国企業の149社。詳細は後掲第2-2-18（2）図参照）によれば、今後5年間で米中貿易摩擦が企業活動に影響すると回答した企業が85%に及び（大いに影響27%、一定程度影響58%）、予期される影響の現れ方としては、中国企業との競争の激化、新たなサプライヤーを探す米国企業からの需要増、投資・事業活動・人材の中国からのシフトの必要性等が上位に並んだ。

Box.　中国の不動産市況の悪化と不良債権問題

　不動産市況の悪化は、住宅販売の低迷、不動産開発投資の減少、関連産業（家具・家電、コンクリート等）の減速等により経済成長を低下させるが、こうした実体経済面の影響のみならず、不良債権問題として金融部門に波及するリスクにも留意する必要がある。かつて中国の金融当局トップは、金融業と密接につながっている不動産市場は、金融リスクの面で最大の「灰色のサイ」であると指摘した[注1]。国際機関は、経済見通しの下方リスクとして中国の不動産部門の低迷を挙げ、その影響が金融部門に波及した場合には中長期の成長を抑制し得ると指摘している[注2]。現状の金融リスクはどのように評価されるだろうか。

　中国の民間債務残高は、長期的に増加傾向で推移している。2017年に民間債務削減（デレバレッジ）政策が本格化する中で、債務残高の対GDP比は横ばいとなったが、2020年の感染症拡大時に上昇に転じた。直近ではやや低下しているものの、2022年6月末時点で対GDP比220.3%となり、主要先進国を上回る水準となっている（図1）。

　銀行の不良債権比率をみると、2019年末は2.0%、2022年9月末は1.7%と、近年は低下傾向となっている。他方、各行が自身の経営判断により不良債権処理等に備えて計上している貸倒引当金が融資残高に占める比率は高止まりしており、不良債権の実態上の増加傾向を示唆している（図2）。

　中国では1999年以降、金融資産管理会社（AMC）が銀行から不良債権の譲渡を受け、債務償還や資産証券化、債権の株式転換等により不良債権処理を行うスキームが実施されてきた。しかしながら、Charoenwong et.al (2022)は、金融機関の取引データを詳細に確認すると、AMCから未処理のまま第三機関に移転され公式統計で捕捉されなくなった不良債権が相当規模に達すると指摘しており、こうした「隠れ不良債権」を合わせた総不良債権比率は2019年末時点で3.9〜5.1%に達すると推計している（図2、図3）。

　また、関（2022）は、上場企業の財務データを用いて、広義の営業利益（利払い前・税引き前・償却前）が当年の支払利息を下回る企業の債務の全額を「潜在的な不良債権」とみなす試算を行った。このような債務が全上場企業の債務に占める比率を「潜在的な不良債権比率」とすると、2022年6月末時点で9.6%となり、不動産企業に限ると22.9%に達すると試算している。

　2022年夏以降は、不動産市況が低迷し実体経済が下押しされ、住宅ローン不払い運動や地方政府の財政状況の悪化もみられた。こうした中で、当局は2022年11月には不動産市場支援策を発表するとともに、同年12月の中央経済工作会議では翌年の重要政策方針に「不動産企業の資産負債状況の改善」を位置づけ、2023年1月には「3つのレッドライン」と呼ばれる融資規制の緩和を含む具体策を提示した[注3]。2020年8月の導入以来、不動産企業が資金繰りに窮する大きな要因となっている当該融資規制が緩和され、

併せて各種の不動産市場支援策が実施されれば、今後は不動産市況と不動産企業の資金繰りが徐々に改善に向かい、短期的には経済を押し上げることが期待される。他方、短期的な経済調節を重視するために、仮に構造改革（不良債権処理）が十分に行われない場合には、中長期的な金融面でのリスクが増大し得ることに留意が必要である。

（注１）郭樹清・銀行保険監督管理委員会主席（2020年11月）。「灰色のサイ」はWucker (2016)が提唱した概念であり、予見しがたいリスクである「ブラック・スワン」に比べ、存在が認識され、発生確率が高く、表面化すれば大きな影響をもたらし得るにもかかわらず、軽視されがちなリスク。

（注２）IMF (2022d) は、中国の不動産販売の下落は不動産企業のキャッシュフローを悪化させ、銀行の不良債権の増加リスクを増幅させ得る、潜在的な銀行部門の損失はより広範囲のマクロ金融的波及を誘発し、中国の中長期の成長を抑制し得ると指摘した。また、World Bank (2023) は、中国はシステミックリスクを回避するために十分な政策余地があると考えられるが、不動産部門の広範な減速は金融の収縮を引き起こし、成長を抑制する可能性があると指摘した。

（注３）「３つのレッドライン」は、(1)総資産に対する負債の比率が70％超、(2)自己資本に対する純負債の比率が100％超、(3)現預金に対する短期負債の比率が100％超となる不動産企業に対して融資を制限する規制であり、恒大集団を始めとした不動産企業が資金繰りに窮することに繋がった。2023年１月、金融当局は記者会見で『優良不動産企業のバランスシート改善行動計画』を起草したと発表し、「３つのレッドライン」を緩和する方針を示した（2023年１月末時点で全文は未公表）。

図１　中国の民間非金融部門の債務残高　　　図２　中国の銀行の不良債権比率

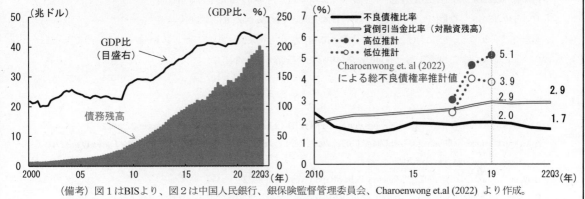

（備考）図１はBISより、図２は中国人民銀行、銀保険監督管理委員会、Charoenwong et.al (2022) より作成。

図３　中国の不良債権処理のプロセス

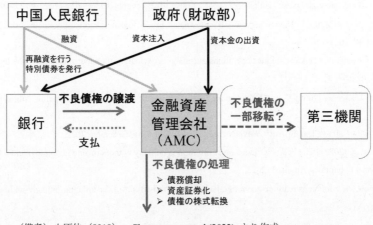

（備考）小原他（2019）、Charoenwong et.al (2022) より作成。

参考文献

（第 1 章）

小原篤次、神宮健、伊藤博、門闖［2019］『中国の金融経済を学ぶ　加速するモバイル決済と国際化する人民元』ミ
　　ネルヴァ書房　2019年 6 月

茂野正史［2022］「ユーロ圏における国債利回りの域内格差とECBの対応」内閣府マンスリートピック　2022年10月

関辰一［2022］「増加する中国の潜在不良債権」アジア・マンスリー vol. 22，No. 260. 日本総研　2022年11月

石油天然ガス・金属鉱物資源機構（JOGMEC）［2022］「天然ガス・LNG最新動向－プーチンひとりガスOPECが操るLNG
　　市場の受難と分断進む世界の脱・脱炭素への黙示（その後）－」

中国社会科学院［2017］『経済藍皮書夏季号：中国経済成長報告（2017～2018)』

中国社会科学院［2021］『経済藍皮書：2022年中国経済情勢分析・予測』

内閣府［2020］『世界経済の潮流2020年Ⅰ－新型コロナウイルス感染症下の世界経済－』

内閣府［2021］『世界経済の潮流2021年Ⅰ－ポストコロナに向けて－』

内閣府［2022a］『世界経済の潮流2021年Ⅱ－中国の経済成長と貿易構造の変化－』

内閣府［2022b］『世界経済の潮流2022年Ⅰ－世界経済の不確実性の高まりと物価上昇－』

内閣府［2022c］「物価高克服・経済再生実現のための総合経済対策」2022年10月28日

宮本弘曉［2015］「摩擦的失業と構造的失業」日本労働研究雑誌　No. 657　2015年 4 月

室屋有広［2003］「米国における住宅ローン貸出市場の変化と将来像～第 4 回　オリジネーション業務の実際と流れ
　　～」金融市場　第14巻第1号通巻146号　農林中金総合研究所　2003年 1 月

Aladangady, A. et al. [2022] "Excess Savings during the COVID-19 Pandemic", FEDS Notes, October 21, 2022.

American Chamber of Commerce (AmCham) [2022] 2022 ASEAN Business Outlook Survey - ASEAN: The Future of the 21st
　　Century Economy, October 2022.

Bank of England (BOE)　[2022] "Monetary Policy Report November 2022".

Bernstein, J. [2022] "US Macro in Transition", ESRI国際コンファレンス2022「ポストコロナの経済社会」基調報告，
　　2022年12月15日
　　https://www.esri.cao.go.jp/jp/esri/workshop/221215/pdf/esri2022_keynote_slides.pdf　(2022年12月19日取得)

Bhattacharjee, D. et al. [2021] "Navigating the labor mismatch in US logistics and supply chains", McKinsey & Company,
　　December 10, 2021.
　　https://www.mckinsey.com/capabilities/operations/our-insights/navigating-the-labor-mismatch-in-us-logistics-and-supply-
　　chains（2023年 1 月 6 日取得)

Bils, M. and P. J. Klenow [2004] "Some Evidence on the Importance of Sticky Prices", Journal of Political Economy, Vol. 112,
　　No. 5.

Birol, F. [2022] "A Call to Clean Energy", Finance and Development, IMF, December 2022.

Blanchard, O. et al. [2022] "The Fed is wrong: Lower inflation is unlikely without raising unemployment", Peterson Institute for
　　International Economics, August 1, 2022.
　　https://www.piie.com/blogs/realtime-economic-issues-watch/fed-wrong-lower-inflation-unlikely-without-raising（2023年 1
　　月 6 日取得)

Board of Governors of the Federal Reserve System (FRB) [2022a] Monetary Policy Report June 17, 2022".

Board of Governors of the Federal Reserve System (FRB) [2022b] *The Beige Book*, Oct 2022.

Carpenter, J. [2022] "Job Switchers Are Earning a Lot More Than Those Who Stay", THE WALL STREET JOURNAL, July 25, 2022.

Carrière-Swallow, Y. et al. [2022] "Shipping Costs and Inflation", IMF Working Paper WP/22/61, March 2022.

Charoenwong, B. et al. [2022] "Non-Performing Loan Disposals without Resolution", SSRN, May 11, 2022 version. https://papers.ssrn.com/sol3/papers.cfm?abstract_id=3662344（2023年1月31日取得）

European Commission [2022] *European Economic Forecast Autumn 2022,* November 2022.

European Central Bank [2023] "Account of the monetary policy meeting of the Governing Council of the European Central Bank held in Frankfurt am Main on Wednesday and Thursday, 14-15 December 2022", January 19, 2023.

Figura, A. and C. Waller [2022] "What does the Beveridge curve tell us about the likelihood of a soft landing?", FEDS Notes, July 29, 2022.

Fry, R. [2020] "The pace of Boomer retirements has accelerated in the past year", website article, Pew Research Center, November 9, 2020. https://www.pewresearch.org/fact-tank/2020/11/09/the-pace-of-boomer-retirements-has-accelerated-in-the-past-year/ （2023年2月3日取得）

German Chamber of Commerce and Industry (DIHK) [2022] *DIHK Business Survey Early Summer 2022,* May 2022.

Guillemette, Y. and D. Turner [2018] *The Long View: Scenarios for the World Economy to 2060, OECD Economic Policy Paper, No. 22,* July 2018.

Guillemette, Y. and D. Turner [2021] *The long game: Fiscal outlooks to 2060 underline need for structural reform, OECD Economic Policy Papers, No. 29,* October 2021.

ifo INSTITUTE (ifo) [2022] *ifo Economic Forecast Autumn 2022: Inflation Stifles Private Consumption - German Economy Facing a Hard Winter,* September 2022.

IMF [2022a] *Fiscal Monitor: Helping People Bounce Back,* October 2022.

IMF [2022b] *World Economic outlook: War Sets Back the Global Recovery,* April 2022.

IMF [2022c] *World Economic outlook Update: Gloomy and More Uncertain,* July 2022.

IMF [2022d] *World Economic outlook: Countering the Cost-of-Living Crisis,* October 2022.

IMF [2023a] *World Economic outlook: Inflation Peaking amid Low Growth,* January 2023.

IMF [2023b] "Japan: Staff Concluding Statement of the 2023 Article IV Mission", January 26, 2023. https://www.imf.org/en/News/Articles/2023/01/25/japan-staff-concluding-statement-of-the-2023-article-iv-mission （2023年2月2日取得）

Kuik, F. et al. [2022] "Energy price developments in and out of the COVID-19 pandemic – from commodity prices to consumer prices", *Economic Bulletin, Issue 4, European Central Bank,* December 2022.

National Association of Home Builders (NAHB) [2022] "New Home Sales Down on Rising Interest Rates, Declining Affordability", May 24, 2022. https://www.nahb.org/news-and-economics/press-releases/2022/05/new-home-sales-down-on-rising-interest-rates-declining-affordability（2023年1月6日取得）

National Association of Realtors (NAR) [2022] "Commercial Real Estate Market Expected to Grow Despite Rising Interest Rates", May 4, 2022. https://www.nar.realtor/newsroom/commercial-real-estate-market-expected-to-grow-despite-rising-interest-rates（2023年1月6日取得）

OECD [2022a] *Economic outlook, Vol. 2022 Issue 1,* June 2022.

OECD [2022b] *Economic outlook, Vol. 2022 Issue 2,* November 2022.

Office for National Statistics (ONS) [2022] "Half a million more people are out of the labour force because of long-term sickness", ONS website, article, released 10 November 2022.

Rogoff, K. and Y. Yang [2021] "Has China's Housing Production Peaked?", China and the World Economy, 21 (1): 1-31.

Semiconductor Industry Association (SIA) [2022] "2022 STATE OF THE U.S. SEMICONDUCTOR INDUSTRY", November 2022.

Sohn, J. [2022] "The U.S. Is Investing Big in Chips. So Is the Rest of the World", Wall Street Journal, July 31, 2022.

United Nations [2019] *World Population Prospects 2019.*

United Nations [2022] *World Population Prospects 2022.*

United States Department of Energy [2022] "The Inflation Reduction Act Drives Significant Emissions Reductions and Positions America to Reach Our Climate Goals", August 2022.

US-China Business Council (USCBC) [2022] *USCBC 2022 Member Survey.*

Varas, A. et al. [2020] "Government Incentives and US Competitiveness in Semiconductor Manufacturing", Semiconductor Industry Association (SIA), September 2020.

World Bank [2023] *Global Economic Prospects*, January 2023.

Wucker, M. [2016] *The Gray Rhino: How to Recognize and Act on the Obvious Dangers We Ignore*, St. Martin's Press, April 2016.

Zachmann, G. et al. [2022] "European natural gas imports", Brugel.

　　　https://www.bruegel.org/dataset/european-natural-gas-imports （2022年12月7日取得）

第 2 章

ASEANの貿易構造と
特定国への依存リスク軽減の動き

第2章　ASEANの貿易構造と特定国への依存リスク軽減の動き

　第1章で確認したように、世界の財貿易量については、半導体の需要鈍化の影響や、中国経済の減速等を受けて2022年後半は横ばいで推移している。

　一方で、中長期的な貿易動向に着目すると、ASEAN[135]諸国は、発展段階に応じて各国が高い成長率を維持する中で、貿易面では更にペースの早い拡大がみられており、背景の一つにはサプライチェーンの継続性（加えて米中貿易摩擦）の観点からの代替的な生産拠点の確保（いわゆる「チャイナ・プラスワン」）の動きがあると考えられる。本章では特にASEAN諸国とアメリカ及び中国との貿易面の相互依存関係や、特定国からの供給に依存する品目の状況等について分析を行う。続いて直接投資の動向を通じて、第1章でも指摘したサプライチェーンにおける特定国への依存リスクの軽減に向けた動きについて分析する。最後にASEAN諸国に対する諸外国の関係強化の動きを概観する。

第1節　ASEAN諸国の貿易構造

1．ASEAN諸国の貿易の拡大

　本項ではまずASEAN諸国の貿易の拡大を概観する。その際、特に中国やアメリカ等との貿易動向を輸出入両面から確認する。

（世界貿易の中でASEANの存在感が上昇）

　ASEANと日本、アメリカ、中国の貿易について、2015年からの変化を概観する（第2-1-1図）。2021年の財の世界貿易額が2015年比で34.5％増加し、約22兆ドルとなる中で、ASEANの対中輸入額は2015年から73.4％増の4,836億ドル、対中輸出額は99.5％増の2,830億ドルとなり、ASEANは中国との輸出入を大きく拡大している[136]。この間、中国の対米輸出額は40.6％増の5,776億ドル、対米輸入額は30.0％増の1,511億ドルとなっ

---

[135] 東南アジア諸国連合（Association of South East Asian Nations）。東南アジアの10か国（ブルネイ、カンボジア、インドネシア、ラオス、マレーシア、ミャンマー、フィリピン、シンガポール、タイ、ベトナム）で構成される。ASEANは、2022年11月11日、東ティモールを11番目の加盟国として承認することで原則合意したと発表したが、本稿では、執筆時点（2022年12月末）の正式な加盟国である10か国を表す。
[136] Li et al（2019）は、(1)2000年代以降、中国はアジア地域で付加価値需要及び供給両面での中核を担うことになり、ASEAN諸国との貿易関係も深まった、(2)ASEAN諸国も過去20年で国際生産ネットワークへの統合が進み、アメリカの製造業財の貿易赤字に占めるシェアが高まった（2000年11.5％、2017年14.7％）、と指摘。また、経済産業省（2019）は、ASEAN諸国は、電気機械や一般機械部門で中国に部品を供給（輸出）し、かつ、中国で完成された財を最終需要（輸入）する関係にあると指摘。貿易総額面においては部品分の重複が生じていることに留意が必要。

ており、輸出額は中国からアメリカ向けが大きいものの、輸出入双方の伸び率は
ASEAN向けが大きく、経済成長の著しかったASEANと中国[137]の貿易依存関係が急速に
深まったことがうかがえる。

　また、ASEANの域内貿易は32.5%増の3,762億ドルとなっており、加盟国が相互に市
場として成長してきたことが分かる。

　さらに、ASEANの対米輸出額は約2倍の2,579億ドルと中国向け輸出額と拮抗するま
で増加するものの、対米輸入額は25.3%増の941億ドルにとどまり、ASEANはアメリカ
に対して相対的に財・サービスの供給源として成長してきたとみられる。

　なお、この間の日本の対ASEAN輸出入の伸び率は、アメリカ、中国と比べてやや低
い水準にとどまっている。

第2-1-1図　2021年のASEANの輸出入額及び2015年比（USドル）

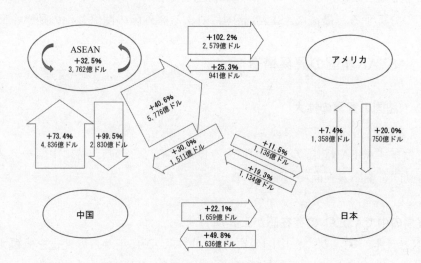

（備考）　1．IMF Direction of Trade Statisticsより作成。
　　　　　2．金額は2021年、%表示は2015年からの伸び率。

　ASEAN諸国の貿易総額について、世界側の内訳をみると、2011年[138]から2021年の10
年で、各国・地域で総じて顕著に増加している（世界1.4倍、アメリカ1.8倍、EU1.3倍、
ASEAN1.2倍、中国2.3倍、日本0.9倍、韓国1.5倍）（第2-1-2（1）図）。ASEAN側
の内訳をみると、各国で増加しており、特にベトナムで顕著となっている（2021年は
2003年比14.7倍、2011年比3.3倍、2020年比+22.8%）（第2-1-2（2）図）。

---

[137] 名目GDP（USドル）は、2000～2021年の間、中国は+1,372%（年平均+13.7%）、ASEANは+418%（年平均+
8.1%）成長。IMF WEOデータベース（2022年10月）より計算。
[138] ASEAN事務局の提供するデータベースASEANstatsで、内訳としてEUのデータが利用可能な期間の始期。

第2-1-2図　ASEAN諸国の貿易総額（対世界）

（1）世界側の内訳

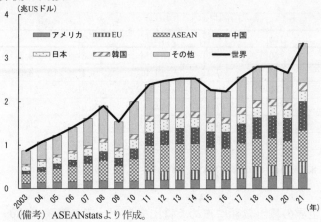

（備考）ASEANstatsより作成。

（2）ASEAN側の内訳

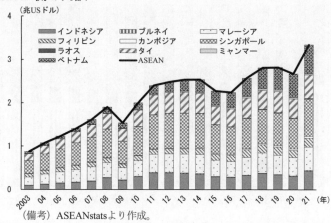

（備考）ASEANstatsより作成。

　こうしたASEAN諸国の貿易額の増加は、ASEAN諸国と世界各国との貿易の相互依存関係の高まりにもつながっているだろうか。輸出総額に占める輸出先のシェアをみると、世界の輸出先としてのASEANの比率は2003年の5.4％から2021年時点で7.6％まで上昇した（第2-1-3図）。同期間中の推移は、中国（5.2％→10.4％）、韓国（2.2％→2.7％）、日本（4.6％→3.2％）、EU（35.4％→29.6％）、アメリカ（15.9％→13.1％）であり、先進各国向け輸出の比率が横ばいからやや低下する中で、中国やASEANといった新興国向け輸出の比率の高まりがみられる。

第2-1-3図　貿易の相互依存関係（米、中、日、韓、ASEAN）

（１）輸出総額に占める輸出先のシェア（2021年）

(%)

輸出元＼輸出先	世界	アメリカ	EU	日本	中国	韓国	ASEAN
世界	100	13.1	29.6	3.2	10.4	2.7	7.6
アメリカ	100		15.5	4.3	8.6	3.7	5.4
EU	100	7.1	61.0	1.1	4.0	0.9	1.4
日本	100	18.0	9.2		21.6	6.9	15.0
中国	100	17.1	15.4	4.9		4.5	14.4
韓国	100	14.9	9.9	4.7	25.3		16.9
ASEAN	100	15.1	8.9	6.6	16.5	4.1	22.0

（備考）IMF Direction of Trade Statistics (DOTS) 2022年9月30日版より作成。

（２）世界の輸出総額に占める輸出先のシェアの推移（2003〜2021年）

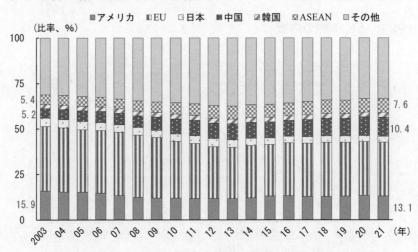

（備考）IMF Direction of Trade Statistics (DOTS) 2022年9月30日版より作成。

　同様に、輸入総額に占める輸入先のシェアをみると、世界の輸入先としてのASEANの比率は2003年の6.2%から2021年時点で7.8%に上昇した（第2-1-4図）。同時期の推移は、中国（5.7%→15.3%）、韓国（2.5%→2.9%）、日本（6.2%→3.4%）、EU（37.3%→30.1%）、アメリカ（9.5%→8.0%）であり、先進各国のシェアが微増から低下にとどまる中で、中国やASEANといった新興国からの供給への依存度の高まりがみられる。

第2-1-4図　貿易の相互依存関係（米、中、日、韓、ASEAN）

（1）輸入総額に占める輸入先のシェア（2021年）

(%)

輸入先＼輸入元	世界	アメリカ	EU	日本	中国	韓国	ASEAN
世界	100	100	100	100	100	100	100
アメリカ	8.0		4.2	10.6	6.6	11.2	5.7
EU	30.1	16.4	61.9	10.4	11.5	10.5	5.7
日本	3.4	4.7	1.1		7.1	9.0	6.8
中国	15.3	20.1	7.9	23.5		25.7	29.1
韓国	2.9	3.3	1.0	4.3	7.1		6.5
ASEAN	7.8	9.0	2.3	16.1	12.3	12.0	22.6

（備考）IMF Direction of Trade Statistics (DOTS) 2022年9月30日版より作成。

（2）世界の輸入総額に占める輸入先のシェアの推移（2003〜2021年）

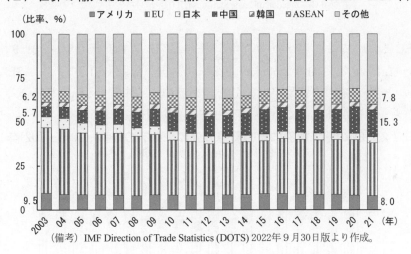

（備考）IMF Direction of Trade Statistics (DOTS) 2022年9月30日版より作成。

　それでは、同期間に主要国・地域の輸入依存度はどのように変化してきただろうか。各国・地域の輸入先のシェアの推移（2003〜2021年）をみると、

（ⅰ）アメリカにおいては、EU（17.4%→16.4%）、日本（9.7%→4.7%）、中国（7.6%→20.1%）、韓国（2.8%→3.3%）、ASEAN（6.2%→9.0%）と、中国とASEANの比率の高まりが顕著となっている（第2-1-5（1）図）。

第2-1-5図　貿易の相互依存関係（米、中、日、韓、ASEAN）

（1）アメリカの輸入総額に占める輸入先のシェアの推移（2003〜2021年）

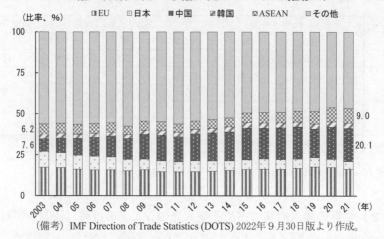

（備考）IMF Direction of Trade Statistics (DOTS) 2022年9月30日版より作成。

（ii）EUにおいては、アメリカ（4.5%→4.2%）、EU（64.8%→61.9%）、日本（2.3%→1.1%）、中国（2.5%→7.9%）、韓国（0.9%→1.0%）、ASEAN（2.0%→2.3%）と、EU域内の貿易が大部分を占める中で、中国はシェアを高め、ASEANも小幅ながらシェアが高まっている（第2-1-5（2）図）。

（2）EUの輸入総額に占める輸入先のシェアの推移（2003〜2021年）

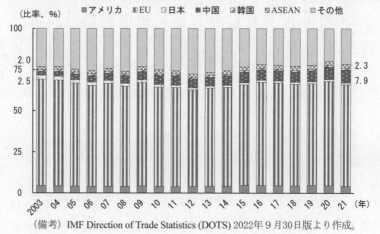

（備考）IMF Direction of Trade Statistics (DOTS) 2022年9月30日版より作成。

（iii）中国においては、アメリカ（7.1％→6.6％）、EU（11.0％→11.5％）、日本
（14.4％→7.1％）、韓国（8.8％→7.1％）、ASEAN（7.8％→12.3％）と、ASEANの
比率の高まりがみられる（第2-1-5（3）図）。

（3）中国の輸入総額に占める輸入先のシェアの推移（2003～2021年）

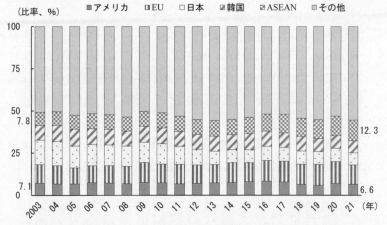

（備考）IMF Direction of Trade Statistics (DOTS) 2022年9月30日版より作成。

（iv）日本においても、アメリカ（14.8％→10.6％）、EU（11.4％→10.4％）、中国
（16.9％→23.5％）、韓国（4.9％→4.3％）、ASEAN（16.0％→16.1％）と、中国と
ASEANの比率が高水準で維持されている（第2-1-5（4）図）。

（4）日本の輸入総額に占める輸入先のシェアの推移（2003～2021年）

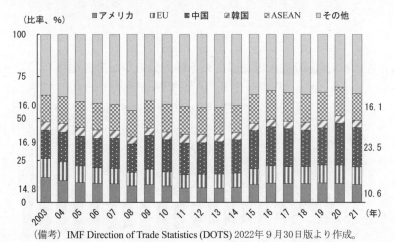

（備考）IMF Direction of Trade Statistics (DOTS) 2022年9月30日版より作成。

ASEAN諸国にとっては、どの国・地域のシェア（依存度）が高まっているだろうか。ASEAN諸国の輸出総額に占める輸出先のシェアの推移（2003〜2021年）をみると、アメリカ（15.8%→15.1%）、EU（11.1%→8.9%）、日本（11.9%→6.6%）、中国（6.5%→16.5%）、韓国（3.7%→4.1%）、ASEAN（24.8%→22.0%）と、中国について顕著な高まりがみられる（第2-1-6（1）図）。

　ASEAN諸国の輸入総額に占める輸入先のシェアは、アメリカ（11.0%→5.7%）、EU（9.2%→5.7%）、日本（14.9%→6.8%）、中国（7.5%→29.1%）、韓国（4.9%→6.5%）、ASEAN（28.6%→22.6%）と、2021年には中国からの供給に対する依存度が2003年の４倍近くに拡大し、ASEAN域内からの輸入を上回る規模となっている（第2-1-6（2）図）

第2-1-6図　貿易の相互依存関係（米、中、日、韓、ASEAN）

（１）ASEAN諸国の輸出総額に占める輸出先のシェアの推移（2003〜2021年）

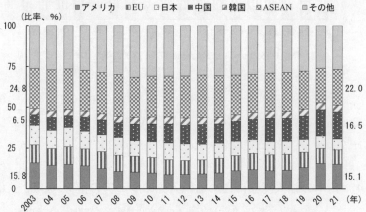

（備考）IMF Direction of Trade Statistics (DOTS) 2022年９月30日版より作成。

（２）ASEAN諸国の輸入総額に占める輸入先のシェアの推移（2003〜2021年）

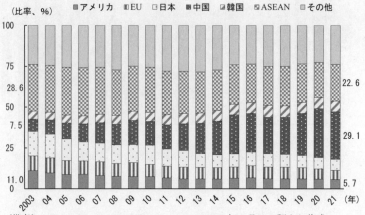

（備考）IMF Direction of Trade Statistics (DOTS) 2022年９月30日版より作成。

（米中貿易摩擦・感染症拡大の下で、ASEANの対米及び対中輸出は更に増加）

　近年、米中貿易摩擦や感染症拡大といったサプライチェーンに影響する問題が発生しており、貿易の安全保障（リスクヘッジ、損失の最小化）の観点からも、ASEANの重要性は高まっている。こうした中で、ASEANの対米・対中貿易関係はどのように推移しただろうか。2003年[139]以降の推移をみると、ASEANの対米輸出は、2008～2009年の国際金融危機の時期を除き、一貫して増加している。輸出金額の年平均の伸び率は、国際金融危機を挟んで2003～2007年は＋9.5％、2010～2017年は＋5.2％と減速したが、米中貿易摩擦の拡大後の2018～2021年は＋15.7％と加速がみられている。この加速は、感染症拡大で世界経済の減速や供給制約が発生する不利な状況の下でも衰えることは無く[140]、2020年には＋15.1％、2021年には＋20.6％に達した（第2-1-7図）。

　国別にみると、最も伸び率が大きいのは他のASEAN諸国に比べて積極的な自由貿易協定（FTA）戦略を展開し低関税で輸出ができるベトナムである[141]。ASEANの対米輸出シェアでみても、ベトナムの比率は急速に高まっている（2003年は5.4％、2021年は37.7％）。

第2-1-7図　ASEAN諸国の対米輸出

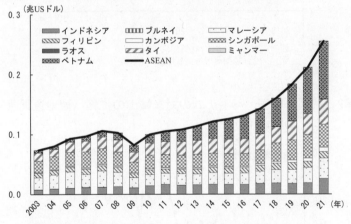

（備考）ASEANstatsより作成。

---

[139] ASEAN事務局が整備するデータベースASEANstatsにおいて遡及可能な期間。

[140] 2020年の世界の実質経済成長率は▲3.0％、財貿易は名目▲7.0％（実質▲5.0％）（IMF、WTO）。

[141] 内閣府（2022）では、海外企業はベトナムに拠点を置くことにより、世界のより多くの市場に有利な条件でアクセスできるとしている。また、ベトナムの対米輸出の年平均伸び率は、国際金融危機前の2003～2007年は＋26.6％、2011～2017年は＋16.6％であったが、米中貿易摩擦の拡大後の2018～2021年は＋23.3％。感染症拡大期の2020年でも＋25.5％、2021年＋25.0％となっている。

このようなASEANの対米輸出の拡大の背景としては、米中貿易摩擦が本格化した2018年以降の中国企業によるASEAN諸国への生産移管の可能性が指摘されている[142]。アメリカの中国及びASEANからの輸入をみると、2018年以降は中国からの輸入が伸び悩む中で、ASEAN（特にベトナム）からの輸入は大きく増加している（第2-1-8図）。当該データは米ドル建てであるため為替変動の影響が含まれるが、現地通貨建てでみても、2017年を基準としたときのベトナムの対米輸出の水準は、中国のそれを大きく上回って推移している（第2-1-9図）。

第2-1-8図　アメリカの輸入の推移（中国、ASEAN、ベトナム）

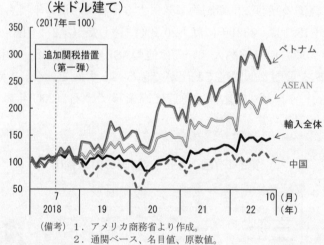

（備考）　1．アメリカ商務省より作成。
　　　　　2．通関ベース、名目値、原数値。

第2-1-9図　中国、ベトナムの対米輸出の推移（現地通貨建て）

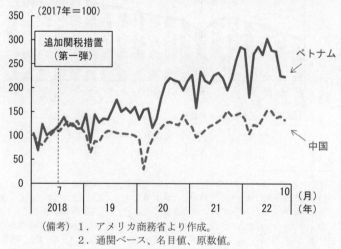

（備考）　1．アメリカ商務省より作成。
　　　　　2．通関ベース、名目値、原数値。

---

[142] 関志雄（2020）

また、ASEANの対中輸出は、2009年の国際金融危機、2015〜2016年の中国株式市場ショックの時期を除いて増加が続いている。年平均成長率は、国際金融機以前の2003〜2007年は＋26.1％と極めて高い伸び率であった。2009〜2012年は＋20.5％と、ASEAN中国自由貿易協定（ACFTA）[143]の正式発効（2010年1月）や中国の内需回復を受けて高い伸びがみられたものの、2012年以降は伸びが一服し、2015〜2016年には中国の成長率鈍化に応じた減速がみられた。しかしながら、2018〜2021年には＋10.7％と再び加速している。感染症が拡大した2020年にも＋8.1％とプラス成長を維持し、2021年は＋28.2％に達した（第2-1-10図）。

　国別にみると、最も伸び率が大きいのは対米輸出と同様にベトナムであり、ASEANの対中輸出シェアでみても、ベトナムの比率は急速に高まっている（2003年は5.6％、2021年は19.9％）[144]。

第2-1-10図　ASEAN諸国の対中輸出

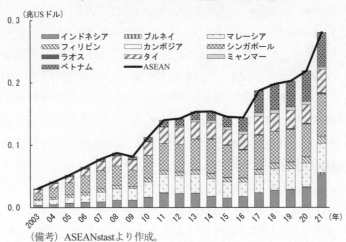

（備考）ASEANstastより作成。

　ASEAN諸国の対米・対中貿易について、ASEAN経済共同体（AEC）[145]の発足した2015年に対する比率をみると、多くの国々で規模が2倍程度に達するなど大幅な増加となっており、カンボジアやミャンマー等の後発発展国では更に高い比率となっている。

---

[143] ASEAN10か国と中国の間で締結された多国間の自由貿易協定。2015年までに一般的な関税低減対象品（ノーマルトラック）の関税を撤廃し、特別な配慮が必要な品目（センシティブトラック、高度センシティブトラック）についても順次関税を引下げ。

[144] ベトナムの対中輸出は、国際金融危機以前の2003〜2007年は＋17.8％、2010〜2012年は＋36.2％、2013〜2017年は＋23.5％、米中貿易摩擦拡大後の2018〜2021年は＋12.0％。感染症拡大期の2020年でも＋18.0％、2021年＋14.4％。

[145] ASEAN10か国が財・サービス貿易、投資、労働者移動の自由化等を進める包括的な経済連携。

ベトナムの2016～2021年の年平均成長率は、対米輸出＋19.2％、対米輸入＋11.7％、対中輸出＋22.4％、対中輸入＋14.2％と、いずれもASEAN全体を上回っている[146]（第2-1-11表）。

第2-1-11表　ASEAN諸国の対米・対中貿易（対2015年比）

(倍)

	ASEAN全体	インドネシア	ミャンマー	ラオス	カンボジア	ベトナム	フィリピン	タイ	マレーシア	ブルネイ	シンガポール
対米輸出	2.0	1.6	9.6	2.8	3.4	2.9	1.2	1.7	1.8	0.2	1.8
対米輸入	1.3	1.5	2.0	13.5	1.4	1.9	1.2	1.0	1.3	0.6	1.2
対中輸出	1.9	3.6	0.8	2.2	2.9	3.4	1.6	1.6	1.8	23.4	1.3
対中輸入	1.8	1.9	0.7	1.9	2.3	2.2	2.7	1.6	1.7	1.5	1.3

（備考）ASEANstatsより作成。

（ASEAN諸国の貿易：一部には中国のASEANを介した対米輸出が示唆される動きも）

（i）アメリカの対中輸入の減少と対ベトナム輸入の高まり

　ASEANの中でも対米輸出シェアが急速に高まったベトナムは、「米中貿易摩擦の漁夫の利を得た」とも指摘される[147]。2018年後半から米中貿易摩擦が本格化する中で、アメリカの対中輸入は減少傾向となり、2019年は一貫して前年比マイナスで推移した（第2-1-12図）。他方、アメリカの対ベトナム輸入は、2019年に入り一貫して前年比で大幅な伸びとなり、対中輸入と対照的な動きとなった。これには、アメリカ企業が対中輸入の減少を補うべく、ベトナムを始めとしたアジア諸国に輸入先を振り替えたことに加えて、中国企業が追加関税措置を回避するため、ベトナム等で一部の最終工程を経た上で対米輸出を行ったことが影響しているとみられている。2020～2021年の感染症拡大期には、供給制約の発生や、一部の財（防疫物資やパソコン等）への需要急拡大等の影響を受けて、前年比での伸びは大幅に振れることとなった。しかし、2021年後半以降は、前年の反動の影響も落ち着き、対中輸入はプラスで推移しているものの、対ベトナム輸入の方がより高い伸び率となる傾向が続いている。

---

[146] ASEAN全体（ベトナムを含む）の年平均成長率は、対米輸出＋12.6％、対米輸入＋4.3％、対中輸出＋11.6％、対入輸入＋10.1％。
[147] 関志雄（2020）

第2-1-12図 アメリカの輸入額（2019年から対中減少・対ベトナム増加の傾向）

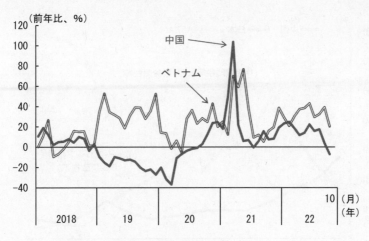

（備考）1．アメリカ商務省より作成。
　　　　2．通関ベース、実質値、季節調整値。

（ii）中国のASEANを介した対米輸出と考えられる例：太陽光パネル
　中国のASEAN経由の対米輸出と考えられる例として、太陽光パネルが挙げられる。
太陽光パネルの対米輸出市場でのシェアをみると、アメリカの輸入規制措置を受けて
2012年以降中国が低下する一方で、ASEAN（マレーシア等）が上昇し、特に米中貿易
摩擦の本格化した2018年以降の変化が大きい（第2-1-13図、第2-1-14表）。
　太陽光パネルの輸出元の変化を巡っては、アメリカの生産者は中国のASEANを介し
た対米輸出の規制強化を訴える一方、アメリカの消費者や設置事業者は供給不足を懸念
している。中国は太陽光パネルの市場占有率が高いため、アメリカにとって対応が難し
い状況とされている。

第2-1-13図　各国の太陽光パネル等の対米輸出動向（米輸出市場でのシェア）

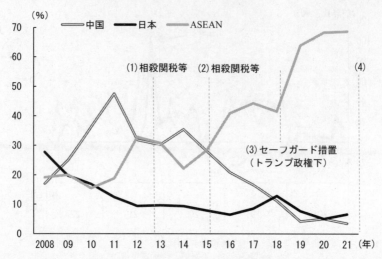

（備考）アメリカ商務省より作成。品目は「光電性半導体デバイス（光電池を含む）及び
　　　　発光ダイオード」。

第2-1-14表　太陽光パネル等の輸入にかかるアメリカの規制措置

(1)	2012年12月	アンチダンピング措置と相殺関税措置[148]：中国政府の太陽光発電に対する補助金をWTO違反とした措置。原産国は「太陽電池セルの製造国」。
(2)	2015年2月	アンチダンピング措置と相殺関税措置[149]：原産国を対中国向けは「モジュール製造国」、対台湾向けは「セル製造国」とした措置。
(3)	2018年2月	セーフガード措置[150]（トランプ政権下）：途上国（タイとフィリピン除く）は適用対象外。
(4)	2022年6月	東南アジアからの太陽光パネル輸入関税免除。

（備考）経済産業省（2019）、ホワイトハウス資料より作成。

2．ASEAN諸国の貿易の質的変化

（ASEANの貿易は機械製品等に重点がシフトし「世界の工場」に広がり）

　前項では、ASEANの貿易規模の拡大傾向が確認された。こうした拡大は、特にどのような業種や品目でみられているだろうか。ASEANの輸出の品目シェアをみると、2003年時点で機械・電気機器は47％を占めていたが、その他業種の比率が高まる中で、2011年には31％まで低下した。その後改めて上昇傾向となり、2021年には39％を占めて

---

[148] 18.29〜249.96％のアンチダンピング（AD）課税、14.78〜15.97％の相殺関税（CVD）課税を追加課税。
[149] 中国産に26.71〜165.04％のAD課税、27.64〜49.21％のCVD課税の追加課税に変更、台湾産に11.45〜27.55％のAD課税を追加課税。
[150] 発電量2.5ギガワットを超える太陽光発電セルの輸入額に対し、1年目30％から最終4年目15％の追加課税。

いる。この間、衣料品・靴等は7%程度を維持しており、大きな変化はみられない（第2-1-15図）。輸入の品目シェアについても、機械・電気機器は近年改めて上昇する傾向がみられている（2003年46%、2011年32%、2021年38%）（第2-1-16図）。

第2-1-15図　ASEANの輸出（対世界）品目シェア

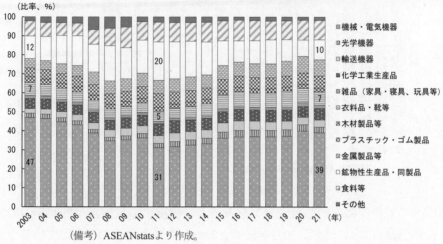

（備考）ASEANstatsより作成。

第2-1-16図　ASEANの輸入（対世界）品目シェア

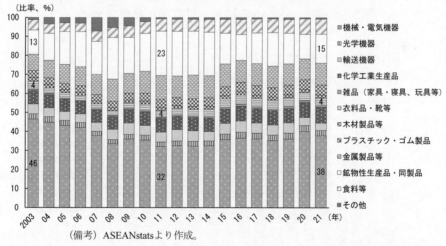

（備考）ASEANstatsより作成。

ASEANの輸出先をアメリカについてみると、機械・電気機器のシェアは2003年の56%から2011年には36%まで低下したが、その後徐々に上昇し、2021年には44%まで高まった。衣料品・靴等は2003年、2021年共に17%と安定的に推移している（第2-1-17図）。

第2-1-17図　ASEANの輸出（対アメリカ）品目シェア

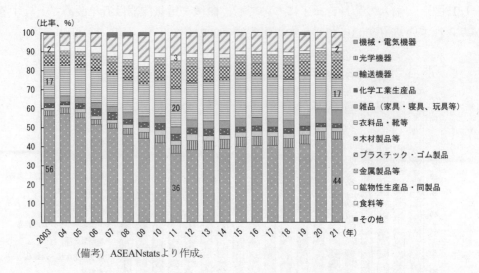

（備考）ASEANstatsより作成。

　ASEANの対中国輸入の品目シェアをみると、機械・電気機器は2003年の52％から一旦低下する傾向はみられず、2011年50％、2021年49％と高水準が続いている（第2-1-18図）。

第2-1-18図　ASEANの輸入（対中国）品目シェア

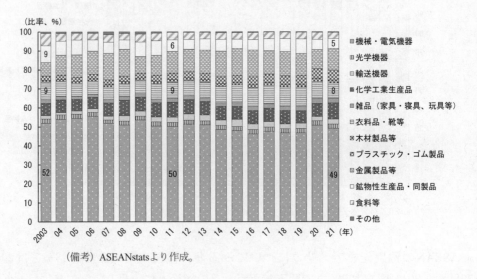

（備考）ASEANstatsより作成。

　以上のように、ASEAN全体でみた場合には業種別の輸出入シェアはおおむね安定的に推移しているが、国別にみると、大きな変化もみられる。ベトナムの対米輸出をみると、2003年時点では衣料品・靴等の比率が60％と最も高いシェアであり、2011年時点で

も56％と同様であったが、その後10年間で低下が進み2021年には27％となった。また、食料等も2003年には26％と高いシェアであったが、2021年には５％まで低下した。他方、機械・電気機器は2003年時点ではわずか２％で、2011年時点でも９％に過ぎなかったが、その後上昇が加速し、2021年には43％に達した。なお、2018年（26％）から2019年（34％）、2020年（42％）への急速な高まりは、2018年に本格化した米中貿易摩擦を受けて、中国企業や在中国の外資企業が、ベトナムを始めとしたASEAN諸国に生産移管等を進めたことの影響を含んでいる可能性がある（第2-1-19図）。

第2-1-19図　ベトナムの輸出（対アメリカ）品目シェア

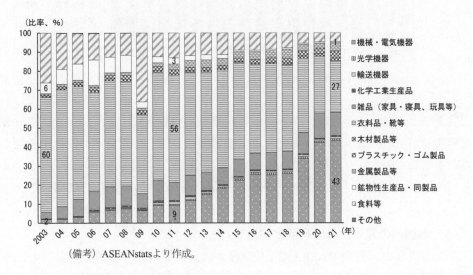

（備考）ASEANstatsより作成。

　ベトナムの対中輸入をみると、2003年時点では鉱物性生産品・同製品のシェアが25％と最も高かったが、2011年時点で10％、2021年には２％と低下が続いた。衣料品・靴等は2003年の18％から、2011年時点で16％、2021年には13％と徐々に低下が進んだ。こうした中で、機械・電気機器の比率は継続的に高まっており、2003年の17％から、2011年には40％、2021年には52％まで高まった。また、対米輸出と同様に、2018年以降に増加ペースの加速がみられる（2018年45％、2019年48％、2020年53％）（第2-1-20図）。

第2-1-20図　ベトナムの輸入（対中国）品目シェア

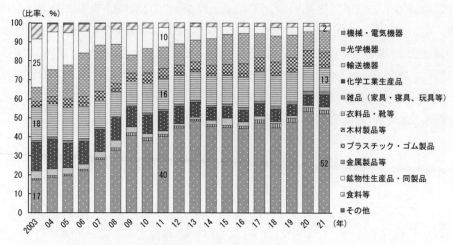

（比率、%）

凡例：
- 機械・電気機器
- 光学機器
- 輸送機器
- 化学工業生産品
- 雑品（家具・寝具、玩具等）
- 衣料品・靴等
- 木材製品等
- プラスチック・ゴム製品
- 金属製品等
- 鉱物性生産品・同製品
- 食料等
- その他

（備考）ASEANstatsより作成。

　以上のような状況からは、ベトナムの産業発展の動向に応じて、かつての一次産品や衣料品等が中心の貿易から、機械・電気機器製造が中心の貿易への転換・発展が進んだことを示している。「世界の工場」としての役割は、中国のみならず、ベトナムを始めとしたASEAN諸国にも拡大しつつあり、今後も進展していく可能性がある。

（ASEAN諸国の貿易品目は高度化が進展）

　以上のように、近年のASEAN諸国の貿易は、業種区分では機械製品等の比率の高まりが確認されたが、品目ベースではどのような財の貿易が活発に行われているだろうか。この点を確認するため、内閣府（2022）同様に、Xiong and Zhang (2016)の業種区分に倣って、貿易対象品目を(1)資源集約的（R）、(2)労働集約的（L）、(3)資本集約的（C）業種で生産される財に分類し、その構成比を求める。なお、(3)は高スキル業種（HC）、中スキル業種（MC）、低スキル業種（LC）と細分化される[151]。

　ベトナムの輸出において、前述の8業種分類のうち、

(i) 品目数ベースでは、2011年のL（27.0%）、R（18.9%）、C（54.1%）から、2021年はL（26.4%）、R（22.0%）、C（51.5%）と、大きな変化はみられなかった。

(ii) 金額ベースでは、2011年のL（31.0%）、R（32.4%）、C（36.6%）から、2021年はL（25.4%）、R（11.3%）、C（63.3%）と、労働／資源集約財から資本集約

---

[151] さらに、中・低スキルはMLC、高・中・低スキルはHMLCと分類され、合計7の業種分類となる。

財への比重の移行がみられた。中でも、高スキル業種の比率が大幅に高まった（2011年24.4%、2021年50.2%）[152]（第2-1-21図）。

第2-1-21図　ベトナムの輸出品目の比率の変化

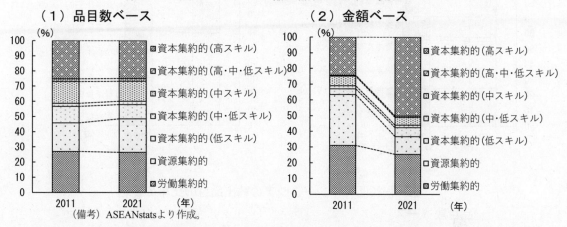

（１）品目数ベース
（２）金額ベース

（備考）ASEANstatsより作成。

　以上から、2011～21年にかけて、ベトナムの輸出品目は、高度化（労働／資源集約的業種から資本集約（高スキル）的業種への比重の移行）が進んでおり、特に金額の面から、換言すれば高付加価値化が進行したことが確認される。

　同様に、タイ、インドネシア、マレーシア、カンボジアの輸出品目の比率の変化をみると、各国の発展段階や資源賦存の状況に応じて、労働／資源集約的業種の比率の高低に特徴がみられるが、各国において、特に金額ベースで資本集約的業種（中～高スキル）の比率が高まり、産業の高度化（高付加価値化）が進んでいる傾向が確認される（第2-1-22図、第2-1-23図、第2-1-24図、第2-1-25図）。

---

[152] これは、ベトナムの資本集約（高スキル）的業種の輸出財は、資源集約的、労働集約的業種の財よりも単価が高い傾向があることを意味する。

第2-1-22図　タイの輸出品目の比率の変化

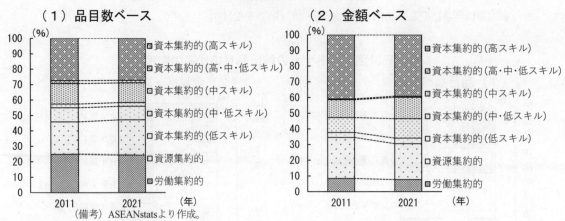

（1）品目数ベース

（2）金額ベース

凡例（上から）：
- 資本集約的(高スキル)
- 資本集約的(高・中・低スキル)
- 資本集約的(中スキル)
- 資本集約的(中・低スキル)
- 資本集約的(低スキル)
- 資源集約的
- 労働集約的

（備考）ASEANstatsより作成。

第2-1-23図　インドネシアの輸出品目の比率の変化

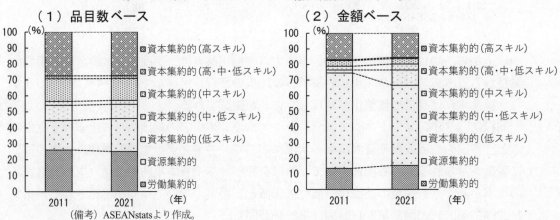

（1）品目数ベース

（2）金額ベース

凡例（上から）：
- 資本集約的(高スキル)
- 資本集約的(高・中・低スキル)
- 資本集約的(中スキル)
- 資本集約的(中・低スキル)
- 資本集約的(低スキル)
- 資源集約的
- 労働集約的

（備考）ASEANstatsより作成。

第2-1-24図　マレーシアの輸出品目の比率の変化

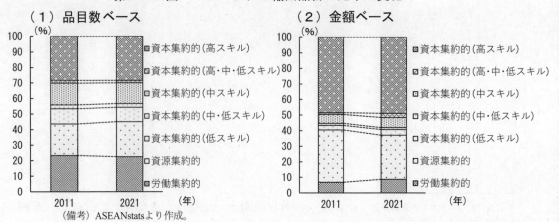

（1）品目数ベース

（2）金額ベース

凡例（上から）：
- 資本集約的(高スキル)
- 資本集約的(高・中・低スキル)
- 資本集約的(中スキル)
- 資本集約的(中・低スキル)
- 資本集約的(低スキル)
- 資源集約的
- 労働集約的

（備考）ASEANstatsより作成。

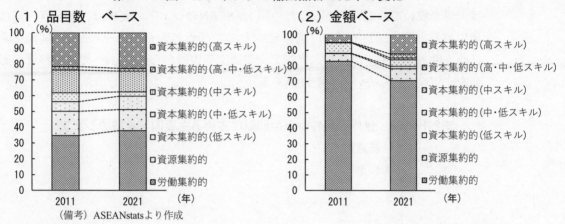

第2-1-25図　カンボジアの輸出品目の比率の変化

（1）品目数　ベース

（2）金額ベース

（備考）ASEANstatsより作成

（付加価値面からは中国からASEANへの生産移管を示唆）

　ASEAN諸国の貿易は、かつては安価な労働力を活用した単純労働に基づく加工貿易（中間財の輸入、最終財の輸出[153]）が主流とされてきた。近年はASEAN諸国の経済発展に伴う産業高度化、米中貿易摩擦の中でのASEANシフト等が進む中で、ASEANの貿易構造やグローバル・バリュー・チェーン（GVC）の中での役割にはどのような変化がみられるだろうか。こうした問題意識から、本項では、製品の各生産工程で付加された価値の国際的な流れに注目した付加価値貿易の動向を確認する[154]。

　まず、OECDの付加価値貿易データ（Tiva）を用いて、世界の財輸出に占める各国・地域の付加価値シェア（最終財、中間財）をみると、以下の傾向がみられる（第2-1-26図）。

（1）中国のWTO加盟前の1995年時点では、最終財・中間財共に、ASEANの付加価値シェアは中国よりも高水準であったが、2000年以降は最終財・中間財共に中国のシェアが急上昇し、2000年代半ばまでにASEANを逆転した。

（2）中国のシェアは、2000年代以降も上昇が続いたが、2015年以降は頭打ちの状況。

（3）ASEANのシェアは、中国よりは緩慢ながら、2010年代にかけて増加が続いている。特に最終財の付加価値比率が高まっており、近年では、最終財におけるシェアは

---

[153] GVCにおいて主導企業が内製化を進めると、途上国企業に外注されるのは低付加価値工程（いわゆる「スマイルカーブ」の底辺）となるが、途上国企業のサプライヤーの能力が高ければ、より付加価値の高い工程を受注することが可能となる（「生産機能の高度化」）（伊藤（2019））。

[154] 財の物理的な移動を記録した従来の貿易データでは、工程間国際分業が進む中で、部品や製品の貿易額が各国・地域間で都度計上される「二重計上」問題の深刻化が指摘されているが、付加価値貿易データは、最終財に至るまでに付与された付加価値を、生産工程に応じ各国・地域に適切に計上することとしている。

中間財におけるシェアを上回っている。なお、中間財、最終財のシェア双方について、中国のシェアの伸びが頭打ち傾向となった2015年以降も、ASEANのシェアは上昇が続いている[155]。こうした中国・ASEANのシェアの変化は、2019年以降は米中貿易摩擦、2020年以降は感染症拡大によるサプライチェーン断絶の問題を受けた、欧米や（中国を含む）アジア企業による中国からASEANへの生産移管の影響を一定程度含んでいる可能性がある。

第2-1-26図　世界の最終財と中間財に占める主要国・地域のシェア

（1）最終財

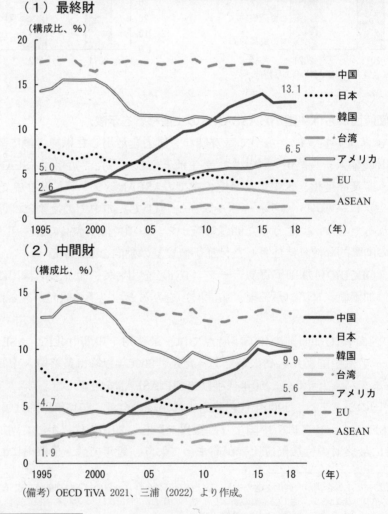

（備考）OECD TiVA 2021、三浦（2022）より作成。

（サプライチェーンの中で高付加価値工程への移行は途上）

　ASEAN諸国は、外資企業の進出も奨励する中で、部品供給や組立て等、グローバル・サプライチェーンへの参画が進展してきたと指摘されている。こうした状況を検証するために、付加価値面からASEAN諸国のGVCにおける位置付けを確認する。ADB (2022) は、国際産業連関表分析に基づき、アジア諸国のGVC（付加価値ベース）への参画率を推計している。具体的には、輸出を以下の5つの類型に分類した上で、自国のみで価値が付加された製品の輸出（下記(2)(3)）が輸出総額に占める比率を「前方参画率」、海外でも価値が付加された製品の輸出（(4)(5)）が輸出総額に占める比率を「後方参画率」として算出している[156]。

(1)直接付加価値吸収輸出（Directly absorbed value-added exports: DAVAX）

　　A国のみで価値が付加され、B国に輸出され、B国で消費（価値が吸収）される輸出。

(2)再輸出（Reexports: REX）

　　A国のみで価値が付加され、B国に輸出された後、別の国に再輸出され、A国、B国以外の国で消費される輸出。

(3)回帰輸出（Reflection: REF）

　　A国のみで価値が付加され、B国に輸出された後、別の国に再輸出され、最終的にA国で消費される輸出。

(4)海外付加価値輸出（Foreign value-added: FVA）

　　A国が、海外での付加価値が含まれる財をB国に輸出するもの。

(5)純重複輸出（Pure double-counting: PDC）

　　A国のB国への輸出が2度以上計上されている輸出。

　ADB (2022) は、東・東南・南・中央アジアの計25か国を対象に、4つの産業分類[157]（基礎産業、低技術製造業、中・高技術製造業、ビジネスサービス業）ごとに参画率を推計したところ、中・高技術製造業に関する日中韓とASEAN諸国[158]の推計結果は以下のとおりとなっている（第2-1-27図）。

---

[156] 「前方参画率」が高い場合には、当該業種において国内の産業基盤が整っている傾向を、「後方参画率」が高い場合には、当該業種において海外由来の部品等を多く活用している傾向を示唆する。なお、(1)は、2国間で完結する「伝統的貿易」とされ、GVCにはカウントされていない。

[157] 基礎産業：農業、狩猟、林業、漁業、鉱業、採掘業。
　低技術製造業：食品・飲料、紡績、皮革、木材、製紙、ゴム・プラスチック、他に分類されない業種、光熱、建設。
　中・高技術製造業：燃料精製、化学、他に分類されない鉱物、金属、他に分類されない機械、電子、輸送用機械。
　ビジネスサービス業：自動車販売、卸・小売、飲食・宿泊、輸送（陸上・水上・航空）、他に分類されない輸送、通信、金融、不動産、他に分類されないビジネス活動。

[158] ADB (2022) の同推計では、ミャンマーは対象に含まれていない。

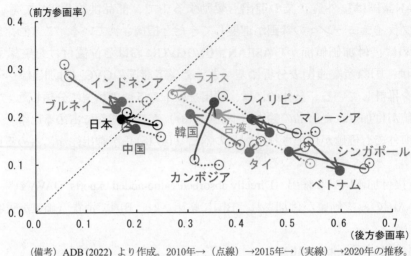

第2-1-27図　GVCへの参画率（中・高技術製造業）

（前方参画率）

（備考）ADB (2022) より作成。2010年→（点線）→2015年→（実線）→2020年の推移。

　ADB (2022) は、東南アジア諸国は後方参画率が高く、中でもベトナムは近年最上位であり、特に金属、電子、機械産業について、国内の産業基盤が弱いため、海外で価値が付加された部品を用いた財の輸出の比率が高いとしている。一方で、国内のみで価値が付加された輸出を表す前方参画率は、東南アジア諸国のうち工業化の進んでいる国々は低く留まっている。特にベトナムでは近年更に低下し、2020年の結果は対象25か国中23位となっている。

　こうした動向は、ベトナムを始めとした東南アジア諸国において海外で価値が付加された部品等を用いて活発な生産・貿易が行われている証左であり、比率の高低が貿易構造の優劣に直結するものではない。しかしながら、各国の産業発展に応じて、国内の産業チェーンで付加価値が完結した財の輸出の比率（前方参画率）も高まり、後方参画率と一定程度バランスが取れることが望ましいと考えられる[159]。ASEAN諸国の賃金水準が上昇傾向にある状況を踏まえると、組立加工等におけるコスト面での優位性は、一部の国では徐々に変化していく可能性があるためである（後掲第2-2-5図）。また、米中貿易摩擦の下で、中国企業によるASEANを介した対米輸出や、厳格な防疫措置を受けて外資企業が「チャイナ・プラスワン」として中国外に生産移管を進める動きがある（後掲第2-2-17図）。こうした動向は、ベトナムを始めとしたASEAN諸国の後方参画率を高める一因となっているとみられ、今後もその傾向は継続する可能性がある。

[159] なお、前方参画率は、（1）資源国でも高くなる傾向がある点（燃料精製業も中・高技術製造業に含まれるため）、（2）工業化の途上で対象となる輸出額が小さい場合に数値が振れやすい傾向がある点には留意が必要である（第2-1-27図ではブルネイ、インドネシアは(1)、カンボジア、ラオスは(2)に該当するとみられる）。伊藤（2019）は、中所得国はGVCにおいて、単純労働者を活用した労働集約的な低付加価値工程から、イノベーションによってより高付加価値の工程を担う「生産機能の高度化」を目指すべきと指摘している。

コラム４：ベトナムの対米貿易黒字急拡大を受けたアメリカの対応

　2019年以降、ベトナムの対米貿易黒字の拡大が加速する中で[160]、アメリカ財務省は2020年12月の報告書[161]にて、ベトナムを「為替操作国」に認定した。アメリカは、貿易円滑化・貿易執行法に基づき、アメリカとの財の貿易総額が400億ドルを超える国・地域を対象に、為替操作国への認定にあたって３つの基準を設定しており、ベトナムは2020年６月までの４四半期に渡り、３項目全てに該当とした。

　2021年１月、アメリカ通商代表部は、ベトナム政府が不当な為替介入を行っているとの調査結果を公表しつつ、追加関税の適用を見送り対話の継続を求めた。ベトナム政府は金融・為替政策の現代化、透明化に向けてアメリカとの対話を継続した。こうした中、アメリカ財務省は、2021年４月以降の報告書では、ベトナムを「為替操作国」と認定することを見送った[162]。2022年11月には、３基準の２つを下回っており、ベトナム側の対応に満足しているとし、ベトナムを「為替操作監視対象」リストから除外した（表１）。

表１　アメリカによるベトナムの為替操作国認定と対話の継続

2020年12月	アメリカ財務省：３基準の全てを上回ったとしてベトナムを「為替操作国」に認定。
2021年１月	アメリカ通商代表部：ベトナム政府が不当な為替介入を実施との調査結果を公表。
	ベトナム政府：金融・為替政策の現代化・透明化に向けてアメリカとの対話を継続。
2021年４月	アメリカ財務省：３基準の全てを上回ったものの為替レート操作を裏付ける十分な証拠がないとして、ベトナムを「為替操作国」に認定せず。
2021年12月	アメリカ財務省：３基準の全てを上回ったものの状況改善に向けた協議を今後も続けるとして、ベトナムを「為替操作国」に認定せず。
2022年６月	アメリカ財務省：３基準の全てを下回ったとしてベトナムを「為替操作国」に認定せず、「為替操作監視対象」リストに追加。
2022年11月	アメリカ財務省：３基準の２つを下回ったとしてベトナムを「為替操作国」に認定せず、「為替操作監視対象」リストからも除外。

（備考）アメリカ財務省、アメリカ通商代表部、アジア経済研究所、ジェトロビジネス短信等より作成。

---

[160] アジア経済研究所（2022）。
[161] U.S. Department of the Treasury (2020).
[162] U.S. Department of the Treasury (2021a)、U.S. Department of the Treasury (2021b)、U.S. Department of the Treasury (2022a)、U.S. Department of the Treasury (2022b).

第2節　特定国への依存リスク軽減とASEAN

　前節では、世界貿易の中で存在感の高まるASEAN諸国について、貿易の量的拡大と質的変化の状況を確認した。輸出についてはアメリカ、中国、日本と分散させているものの、相対的にアメリカ向けが引き続き多く、輸入に関しては中国への依存を高めている傾向がみられた。また、過去10年間で、輸出品目と輸入品目共に高度化（高付加価値化）が進んでおり、ASEAN諸国の産業が高度化している傾向もみられた。具体的には、ASEAN諸国が輸出総額の中で機械製品等の比率を高めており、幅広い重要品目を製造・輸出する「世界の工場」の役割も担いつつある。他方、中国への輸入面での依存が急速に高まっていることも確認された。

　このような状況下において、近年、米中貿易摩擦や感染症拡大によるサプライチェーンの問題も受けて、各国企業には「チャイナ・プラスワン」の動きもみられている。本節では、諸外国の対中・対ASEAN直接投資の動向を確認した上で、特定国への依存リスク軽減に向けた動きについて分析する。

1．対中・対ASEAN直接投資の動向

（中国向けの直接投資は感染症拡大以降低調）

　中国向けの直接投資は、世界全体でみると増加トレンドが続いており、感染症拡大期の2020年にも前年比で増加し（＋4.5％）、2021年には更に伸び率が高まった（＋20.2％）（第2-2-1（1）図）。しかしながら、中国への直接投資は、従来香港からの投資が大きな比率を占めており、これには香港に籍を置く多国籍企業を通じた欧米諸国の直接投資も含まれるが、その内訳は明らかではない[163]。主要国の対中直接投資額をみると、米中貿易摩擦が本格化する中で、2019年には横ばいから減少となった国が多く、2020年には減少し、2021年にも回復は鈍いものとなっている（第2-2-1（2）図）。

---

[163] 中国EU商会（European Union Chamber of Commerce in China (2022)）は、Wang (2022)、O'Farrell(2022) を引用しつつ以下を指摘：(1)中国商務部の対中直接投資統計は、企業の登記地に基づきカウントされている。(2)香港、シンガポール、ケイマン諸島や英国バージン諸島等の租税回避地からの対中直接投資は、多国籍企業のみならず、中国企業の子会社を通じた投資も含んでいる。(3)2021年の対中直接投資の71%は香港からだったが、格付会社Fitchによれば、香港とマカオからの投資の大部分は中国企業による投資とされる。

第2-2-1図　各国の対中直接投資（フロー）

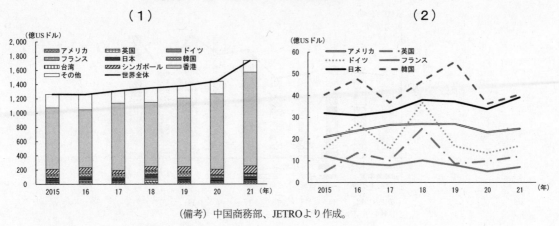

（備考）中国商務部、JETROより作成。

（ASEAN向けの直接投資は感染症拡大後に伸長）

　2015年12月のAEC発足以来、投資機運が高まる中で、ASEANに対する直接投資は増加基調で推移している[164]。ASEANへの直接投資は、2017～2019年には中国向けを上回る規模となった。感染症拡大期の2020年には▲30％と減少したものの、2021年には＋42％となりコロナ前の水準を取り戻した（第2-2-2図）。

　UNCTAD (2016)によれば、近年の外国直接投資は、従来型の４つの主な動機（資源追求型、市場追求型、効率（コスト）追求型、戦略的資産（技術等）追求型）に加え、グローバル・バリュー・チェーン型の動機が高まっている。ASEAN諸国は、立地上の利点に加えて、多様な経済発展段階にあることから、多国籍企業の様々なバリュー・チェーン活動を支えることが可能と指摘している。

　特に、2018年半ばに米中貿易摩擦が本格化した後、2019年からアメリカとEUの直接投資の合計値は着実に増加しており、全体値が減少した2020年にも増加し（＋5.8％）、2021年には更に高い伸びとなっている（＋41.8％）。なお、2021年には中国からの直接投資も高い伸びとなった（＋95.6％の136億USドル）。直近10年（2012年から2021年まで）の累積でみると、アメリカ、日本、EUの順で積極的に直接投資を行っている。

---

[164] UNCTAD (2016)

第2-2-2図　対ASEAN直接投資（フロー、出資国別）

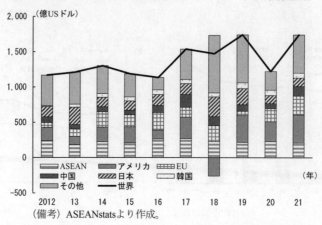

（億USドル）

凡例:
ASEAN　アメリカ　EU
中国　日本　韓国
その他　世界

2012 13 14 15 16 17 18 19 20 21 （年）

（備考）ASEANstatsより作成。

　投資先を国別にみると、シンガポールが全体の7～8割で推移している（第2-2-3図）。シンガポールへの直接投資は、2020年の実績では、47.5％が金融・保険業（うち39.7％は持株会社）となっている[165]。これは欧米等の多国籍企業がASEANの長期的な成長を見込む中で、ASEAN諸国に自国籍の現地企業を展開する際に、金融センターとして各種制度や誘致策の整ったシンガポールに財務統括拠点や投資持株会社を設立することで、金融面からの支援やアジアグループの資金管理を効率的に行うためとされる。

第2-2-3図　対ASEAN直接投資（フロー、投資先国別）

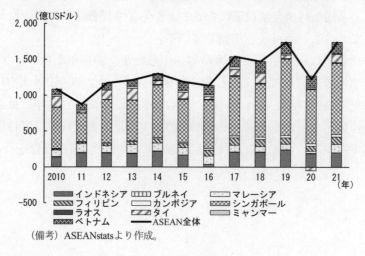

（億USドル）

2010 11 12 13 14 15 16 17 18 19 20 21 （年）

凡例:
インドネシア　ブルネイ　マレーシア
フィリピン　カンボジア　シンガポール
ラオス　タイ　ミャンマー
ベトナム　ASEAN全体

（備考）ASEANstatsより作成。

---

[165] シンガポール統計局、Ying et al. (2013)。

（対ASEAN直接投資は製造業が増加）

　産業別にみると、金融・保険業のシェアが高い。金融・保険業の次にシェアが高いのは製造業である。特にシンガポールを除いたASEANでみると、感染症拡大期の2020年を除き、近年は製造業のシェアが最も高い[166]。製造業への直接投資は2015年末のAEC発足を機に、それ以降高い伸び率での増加が続いた（2017年＋49.5％、2018年＋94.6％）。2018年には過去最大規模となり、製造業投資は直接投資全体の４割超を占めた。2018年後半に本格化した米中貿易摩擦は、その後の対ASEAN直接投資を増加させる一因となったとみられ、感染症拡大期の2020年を除き高水準で推移している（第2-2-4（１）図）。

第2-2-4図　対ASEAN直接投資（フロー、産業別）
（１）世界全体

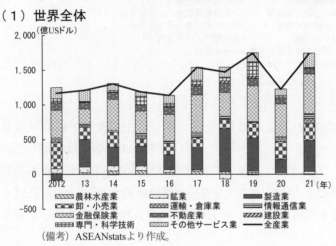

（備考）ASEANstatsより作成。

　出資国別に動向をみると、アメリカの対ASEAN直接投資は、金融・保険業の大型案件のタイミングによる大幅な増減等を背景に[167]2018年には前年比でマイナスとなったが、2019年以降は増加基調にある。産業別内訳をみると、米中貿易摩擦が本格化した2018年以降、製造業投資が2017年以前に比べ顕著に増加した[168]。感染症拡大期の2020年には停滞したが、2021年には改めて増加した。その他、2019年は卸・小売業、2020年以降は金

---

[166] 近年は、対ASEAN直接投資の約６割はシンガポール向け、また金融・保険業の対ASEAN直接投資は９割以上がシンガポール向けとなっている。シンガポールを除くASEANの直接投資における製造業のシェアは、2016年28.0％、2017年31.3％、2018年70.8％、2019年50.9％と、全体の中で首位が続いた。感染症拡大期の2020年は21.4％となり、卸・小売業の30.8％に次ぐ２位となった。

[167] 2018年のアメリカの対外直接投資は、ASEAN向けに限らず、中東・アフリカを除いて減少。業種別では、主に金融持株会社が大幅なマイナス（引上げ超過）となった。

[168] UNCTAD (2019) は以下を指摘：2018年の対ASEAN直接投資は、製造業が過去最高を更新し、出資国は多い方から順にアメリカ、日本、ASEAN、EU、香港、韓国となった。これは、中国における労働コスト上昇を受けASEAN等への生産移管が進むプロセスが、米中貿易摩擦によって加速されたためである。在中米国企業への調査によれば、調査対象430社のうち３分の１以上は生産拠点の移転を実施または検討しており、うち18.5％は東南アジアへの移転を検討していると回答した。

融・保険業等が高い伸びとなっている（第2-2-4（2）図）。

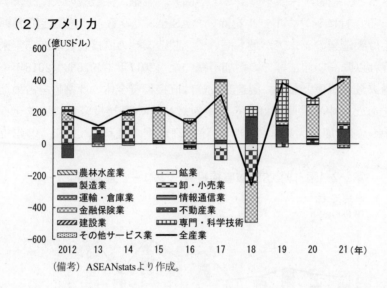

（2）アメリカ

(億USドル)

凡例:
- 農林水産業
- 鉱業
- 製造業
- 卸・小売業
- 運輸・倉庫業
- 情報通信業
- 金融保険業
- 不動産業
- 建設業
- 専門・科学技術
- その他サービス業
- 全産業

（備考）ASEANstatsより作成。

　中国の対ASEAN直接投資は、2017年をピークに、主に金融・保険業の直接投資額の減少を受けて前年比マイナスが2020年まで続いたが、2021年には急増した。産業別内訳をみると、製造業の直接投資は、米中貿易摩擦の本格化以降に増加が顕著になっている。2019年には大幅な伸びとなり（＋109.9％）、感染症拡大期の2020年には若干減少したが、2021年には更に大規模になり（＋31.6％）、過去10年での最高値を更新した（第2-2-4（3）図）。

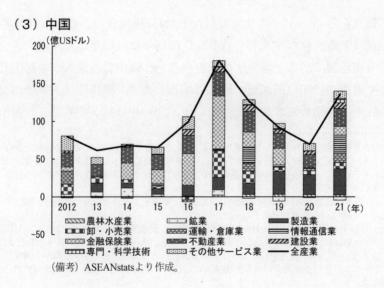

（3）中国

(億USドル)

凡例:
- 農林水産業
- 鉱業
- 製造業
- 卸・小売業
- 運輸・倉庫業
- 情報通信業
- 金融保険業
- 不動産業
- 建設業
- 専門・科学技術
- その他サービス業
- 全産業

（備考）ASEANstatsより作成。

日本の対ASEAN直接投資をみると、2019年まで高水準で推移した後、感染症拡大期の2020年、2021年には低水準にとどまった。産業別内訳をみると、製造業の直接投資額の振れが大きい（第2-2-4（4）図）。

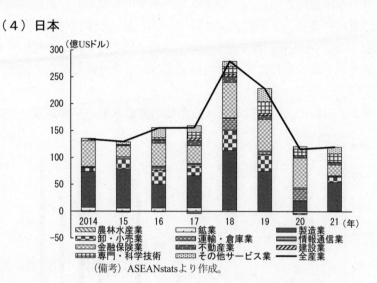

（4）日本

（備考）ASEANstatsより作成。

以上のように、2018年に米中貿易摩擦が本格化した後には、感染症拡大期の2020年を除いて、アメリカ、中国、EU（後述）等ではASEAN向けの直接投資、特に製造業の直接投資が増加した傾向が確認できる。

（ASEAN諸国の賃金は上昇）
このように、ASEAN向けの直接投資が増加基調となってきた背景の一つとして、従来ASEAN諸国では、労働コストの低さを重視する外国企業が進出する中で、加工貿易に依拠した成長モデルが広がってきたと指摘されている[169]。そのようなASEAN諸国の賃金面での優位性は、近年ではどのような変化がみられるだろうか。
ILOによる直近年の各国平均月収（米ドル換算値）をみると、早くから活発な中継貿易や金融センター化により発展したシンガポール、資源国のブルネイでは従来から相対的に高水準にあるが、その他の国々でも上昇してきており、2014年時点の中国の賃金水準に近付きつつある国もみられている（第2-2-5図）。また、内閣府（2022a）は、インドネシア、ベトナム、タイの単位労働費用が上昇傾向であることを指摘している。他方で、中国の賃金の伸び率がより高いことから、ASEAN諸国の賃金水準の対中国比率は、

---

[169] いわゆる「雁行型発展」（トラン・苅込（2019）等）。

2010年代半ばから直近年にかけて低下しており、ASEAN諸国の中国に対する賃金面での優位性は高まっている[170]（第2-2-6表）。

　ただし、今後ASEAN諸国においても人口構造の変化が進み、労働力が農村部等から豊富に供給される段階を過ぎると（いわゆる「ルイスの転換点」）、労働需要が旺盛な下で賃金水準は更に高まり、一部の国では賃金コスト面での優位性は変化していく可能性がある。したがって、進出する外国企業は、ASEAN諸国で製造・輸出する製品の高度化を進め、賃金コストの上昇に見合う利益を得られるようにしていく必要がある。

第2-2-5図　ASEAN諸国と米日中韓の賃金水準（平均月収）

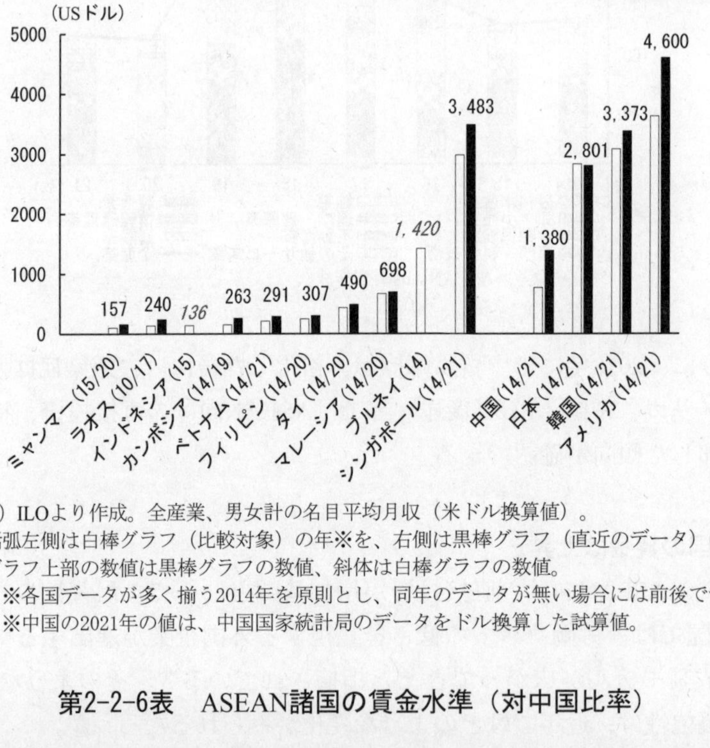

（備考）ILOより作成。全産業、男女計の名目平均月収（米ドル換算値）。
　　　　括弧左側は白棒グラフ（比較対象）の年※を、右側は黒棒グラフ（直近のデータ）の年を表す。
　　　　グラフ上部の数値は黒棒グラフの数値、斜体は白棒グラフの数値。
　　　　※各国データが多く揃う2014年を原則とし、同年のデータが無い場合には前後でデータのある年。
　　　　※中国の2021年の値は、中国国家統計局のデータをドル換算した試算値。

第2-2-6表　ASEAN諸国の賃金水準（対中国比率）

(%)

	インドネシア	ミャンマー	ラオス	カンボジア	ベトナム	フィリピン	タイ	マレーシア	ブルネイ	シンガポール
2010年代半ば	9.8	13.2	17.6	19.8	27.6	32.9	57.3	87.6	103.9	389.2
直近年	—	11.3	17.4	19.1	21.1	22.2	35.5	50.6	—	252.4

　（備考）ILOより作成。比較年（2010年代半ば）、直近年は第2-2-5図の備考のとおり。

---

[170] 中国においては生産労働人口が2011年をピークに減少しており、賃金が上昇しやすい局面となったことが要因として挙げられる（内閣府（2022a））。なお、シンガポールは賃金コスト面での劣位が縮小する傾向となっている。

２．特定国への供給依存の変化

　これまでにみたとおり、ASEAN諸国は、従来の労働コスト面での優位性に加え、自国の経済発展や産業の高度化、更には米中貿易摩擦及び感染症拡大の下で、諸外国の進出や直接投資を受け入れ、貿易を拡大させてきた。こうした特殊な貿易環境の中で、現状においては、ASEAN諸国の貿易は、特定国の供給や需要への依存関係がどの程度みられるだろうか。こうした問題意識から、本項では、ASEANの貿易構造の変化に関する品目レベルの分析を進める。

（ASEANの対中貿易依存度は長期的に上昇し、感染症拡大後は一段と上昇）

　以下では、ASEANstatsの貿易データのうち、HSコード[171]６桁ベースの品目別データを用いる。品目数は約5,000品目[172]であり、2022年11月末で2003～2021年の年次データが利用可能となっている。

　まず、ベトナムにおいて、輸入先国のシェアが１か国で５割以上を占める品目（以下「集中的供給財」という。）の数を調べ、品目数と輸入金額比率の上位３か国を抽出すると、

（ⅰ）品目数上位３か国は、2011年は中国（692）、日本（189）、韓国（119）、2021年は中国（1,927）、日本（233）、韓国（143）となり、過去10年間で中国からの供給に依存する品目が大幅に増加している。2021年には中国からの輸入が５割以上に相当する品目が全体の約４割に達する状況となっており、米独日の３か国より顕著に、特定国（中国）への集中がみられている（後掲Boxを参照）。

（ⅱ）輸入金額比率は、2011年は中国（7.6％）、韓国（2.1％）、日本（2.1％）、2021年は中国（20.4％）、韓国（5.5％）、日本（0.5％）となる。特に2021年は中国が顕著に高いものの、その比率は品目数の比率（39.6％）に比べ相対的に低くなっている[173]（第2-2-7図）。

---

[171] Harmonized Commodity Description and Coding Systemの略称。
[172] 内閣府（2022a）で用いたフランス国際経済予測研究センターのデータベース（BACI）における品目数と同様。
[173] これは、中国から輸入する集中的供給財は、他の輸入先国（韓国等）と比べれば、単価が相対的に低い傾向があることを意味する。

第2-2-7図　ベトナムの各財の輸入における特定国への集中がみられる財の動向

（1）品目数

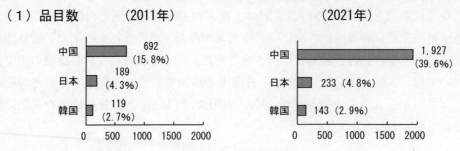

（2011年）

中国	692 (15.8%)
日本	189 (4.3%)
韓国	119 (2.7%)

（2021年）

中国	1,927 (39.6%)
日本	233 (4.8%)
韓国	143 (2.9%)

（2）輸入金額比率

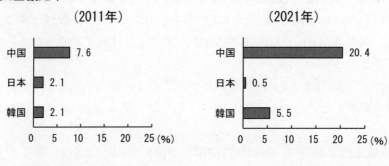

（2011年）

中国	7.6
日本	2.1
韓国	2.1

（2021年）

中国	20.4
日本	0.5
韓国	5.5

（備考）ASEANstatsより作成。

　以上から、2011〜2021年の間、ベトナムの対中輸入依存度は、品目数と金額の両面から高まったことが確認される。

　同様に、タイにおいて、集中的供給財の品目数と輸入金額比率の上位3か国を抽出すると、

（ⅰ）品目数は、2011年の中国（666）、日本（320）、アメリカ（126）から、2021年は中国（1,563）、日本（354）、アメリカ（162）となる。中国からの輸入が5割以上に相当する品目が、全体の約3割に達する状況であり、米独日の3か国以上に、特定国（中国）への集中がみられている（後掲Boxを参照）。

（ⅱ）輸入金額比率は、2011年は日本（6.4%）、中国（3.5%）、アメリカ（0.4%）、2021年は中国（13.6%）、日本（3.8%）、アメリカ（0.6%）と、中国が顕著に高まった。ただし、その比率は品目数の比率（30.8%）に比べ相対的に低くなっている[174]（第2-2-8図）。

---

[174] これは、中国から輸入する集中的供給財は、他の輸入先国（日本等）と比べれば、単価が相対的に低い傾向があることを意味する。

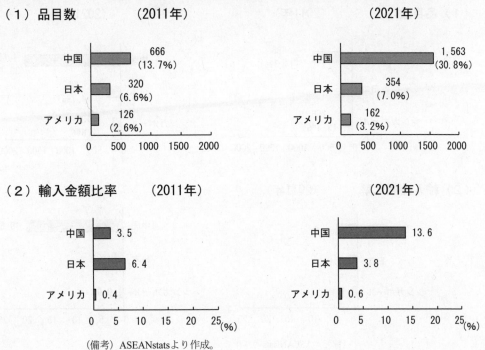

第2-2-8図　タイの各財の輸入における特定国への集中がみられる財の動向

（1）品目数　　　　　（2011年）　　　　　　　　　　　　　　　　（2021年）

中国　666（13.7%）
日本　320（6.6%）
アメリカ　126（2.6%）

中国　1,563（30.8%）
日本　354（7.0%）
アメリカ　162（3.2%）

（2）輸入金額比率　　（2011年）　　　　　　　　　　　　　　　（2021年）

中国　3.5
日本　6.4
アメリカ　0.4

中国　13.6
日本　3.8
アメリカ　0.6

（備考）ASEANstatsより作成。

　同様に、インドネシアにおいて、集中的供給財の品目数と輸入金額比率の上位3か国を抽出すると、

（ⅰ）品目数は、2011年は中国（686）、日本（183）、シンガポール（156）であり、2021年は中国（1,657）、日本（235）、シンガポール（138）となる。中国からの輸入が5割以上に相当する品目が全体の約3割を超え、米独日の3か国以上に、特定国（中国）への集中がみられている（後掲Boxを参照）。

（ⅱ）輸入金額比率は、2011年は中国（4.4%）、日本（1.8%）、シンガポール（1.1%）、2021年は中国（19.5%）、日本（2.2%）、シンガポール（0.9%）と、中国が顕著に高いものの、その比率は品目数の比率（33.1%）に比べ相対的に低くなっている[175]（第2-2-9図）。

---

[175] これは、中国から輸入する集中的供給財は、単価が低い傾向があることを意味する。ただし、ランク内の日本・シンガポールも同様。

第2-2-9図　インドネシアの各財の輸入における特定国への集中がみられる財の動向

（1）品目数　　　　　　（2011年）　　　　　　　　　　　　　（2021年）

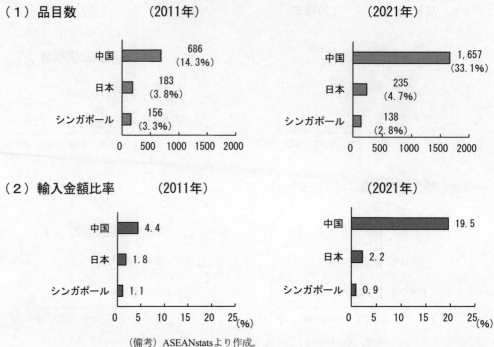

（2）輸入金額比率　　　（2011年）　　　　　　　　　　　　　（2021年）

（備考）ASEANstatsより作成。

　内閣府（2022a）では、アメリカ、ドイツ、日本の2009年と2019年の輸入データを品目別に分析し、いずれの国でも、輸入先が中国に集中（輸入総量の５割以上が中国）している品目が多いことを確認した。

　新たに利用可能になった2020年^{（注）}の輸入についても同様に確認すると、アメリカ・ドイツ・日本の３か国共に、引き続き輸入先が中国に集中している品目が多く、感染症拡大で世界的に供給制約が生じた中でも、中国から集中的に供給される品目が多い姿が継続したことがうかがえる。品目数は、アメリカでは10品目（0.3%）の減少、ドイツでは３品目（0.1%）の増加、日本は51品目（1.1%）の増加となった（図１）。また、各国で上位３か国の順位に変化はみられなかった。この結果からは、感染症拡大下でも、特定国への集中構造には大きな変化は無かったことが確認できる。

図１　米独日の各財の輸入における特定国への集中がみられる財の動向

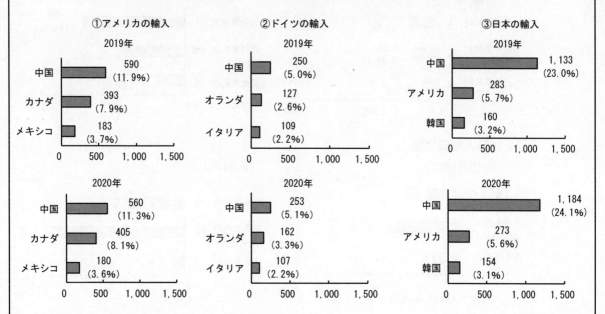

（備考）フランス国際経済予測研究センターより作成。全約5,000品目のうち、輸入シェアが１か国で５割以上を占める品目（集中的供給財）の数。括弧内は全品目数に対する割合。

（注）フランス国際経済予測研究センターのデータベース（BACI）における、2022年10月のデータ。

（ベトナム貿易では中国からの供給財への依存度が上昇）

　以上、ベトナムの世界全体との貿易における、集中的供給財／需要財の比率や業種分類の比率とその変化を確認した。以下では、中国のASEANを経由した対米輸出の議論を踏まえ、特にベトナムと中国との貿易に焦点を当てて分析する。

　ベトナムの対中輸入において、前述の8業種分類のうち、

（ⅰ）労働集約的（L）、資源集約的（R）、資本集約的（高スキル）（HC）の3業種
　　をみると、2011年のL（209）、HC（195）、R（116）から、2021年はL（698）、
　　HC（481）、R（200）となる。

（ⅱ）輸入金額比率は、2011年のHC（3.6%）、L（1.1%）、R（0.7%）から、2021
　　年はHC（9.2%）、L（4.7%）、R（0.8%）となる[176]（第2-2-10図）。

第2-2-10図　ベトナムの対中輸入に占める資本集約財と労働集約財の比率の変化

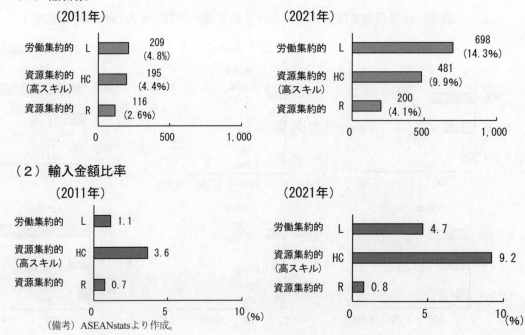

（1）品目数

（2）輸入金額比率

（備考）ASEANstatsより作成。

ベトナムの対中輸出において、前述の8業種分類のうち、

（ⅰ）労働集約的（L）、資源集約的（R）、資本集約的（高スキル）（HC）の3業種
　　をみると、2011年のR（42）、L（26）、HC（25）から、2021年はR（114）、L
　　（110）、HC（73）となる。品目数は、対中輸入における集中的供給財に比べて少

---

[176] これは、ベトナムの中国からの資本集約（高スキル）的業種の輸入財は、資源集約的、労働集約的業種の財よりも単価が高い傾向があることを意味する。

ないものの、過去10年で2～4倍に増加している。

（ii）輸出金額比率は、2011年のHC（1.0％）、R（0.9％）、L（0.5％）から、2021年はHC（8.5％）、L（1.2％）、R（1.3％）となる[177]。2021年には資本集約的（高スキル）品目の比率が大きく高まっており、高付加価値化が進展したことがうかがえる（第2-2-11図）。

第2-2-11図　ベトナムの対中輸出品に占める資本集約財と労働集約財の比率の変化

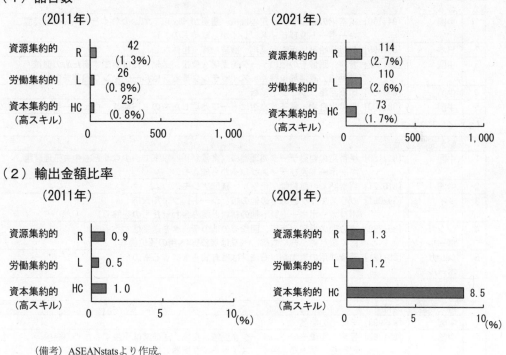

（1）品目数

（2）輸出金額比率

（備考）ASEANstatsより作成。

（ASEAN諸国の資本集約財の輸入は中国に依存）

　品目数、金額面共にシェアが上昇傾向にある資本集約（高スキル）的業種（HC）について、具体的品目をみると、ASEAN各国で、中国からの輸入が上位に並ぶケースが多くなっている。なお、タイ、インドネシアはモバイルパソコン（1位）、マレーシアはテレビ（2位）、カンボジアはワクチン（1位）、除草剤（2位）など、最終財が上位にあるが、ベトナムは1～5位が工業製品の部品で占められている（第2-2-12表）。

---

[177] これは、資本集約（高スキル）的業種の輸出財は、資源集約的業種、労働集約的業種の財よりも単価が高い傾向があることを意味する。

第2-2-12表 ASEAN諸国の輸入品目（資本集約・高スキル的業種）[178]

（1）ベトナム

	輸入先国	品目
1	中国	[852990] テレビ、ラジオ、レーダー等の部品（除くアンテナ）
2	中国	[392690] 他のプラスチック製品、プラスチック材料（除く事務用品、衣類、家具、装飾品）
3	中国	[850440] スタティックコンバーター（整流器等）
4	中国	[381800] 化学化合物：電子工業用にドープ処理したもの（円盤状、ウェハー状等にしたもの）
5	中国	[853710] 電気制御盤、配電盤、パネル、コンソール、机、キャビネット、数値制御用機器 （使用電圧が1,000ボルト以下のもの）

（2）タイ

	輸入先国	品目
1	中国	[847130] 携帯用の自動データ処理機械（重量が10kg以下で、少なくとも中央処理装置、 キーボード及びディスプレイから成るもの。）
2	日本	[381590] 反応開始剤、反応促進剤、調製触媒（担体なし）
3	中国	[851762] 音声、画像その他のデータを受信、変換、送信または再生するための機械 （電話機、基地局を除く。スイッチング機器又はルーティング機器を含む。）
4	中国	[853400] 印刷回路、プリント基板
5	中国	[381800] 化学化合物：電子工業用にドープ処理したもの（円盤状、ウェハー状等にしたもの）

（3）インドネシア

	輸入先国	品目
1	中国	[847130] 携帯用の自動データ処理機械（重量が10kg以下で、少なくとも中央処理装置、 キーボード及びディスプレイから成るもの。）
2	中国	[310221] 窒素肥料（鉱物性／化学）；硫酸アンモニウム
3	タイ	[392061] プラスチック製のその他の板、シート、フィルム等 （ポリカーボネート製；他の材料と組み合わせたものを除く）
4	シンガポール	[851769] その他の機器（音声、画像その他のデータを送受信するもの） （除く電話機、含む有線LAN又は無線WAN用の通信機器。）
5	シンガポール	[381121] 潤滑油用の添加剤（石油又は歴青油を含有するもの）

（4）マレーシア

	輸入先国	品目
1	中国	[999999] その他の製品
2	中国	[851762] 音声、画像その他のデータを受信、変換、送信又は再生するための機械 （電話機、基地局を除く。スイッチング機器又はルーティング機器を含む。）
3	中国	[854140] 光電性半導体デバイス（光電池を含む）及び発光ダイオード
4	中国	[380110] 人工黒鉛
5	中国	[852859] モニター（陰極線管モニター以外のもの）

（5）カンボジア

	輸入先国	品目
1	中国	[300220] ワクチン（人用）
2	中国	[380893] 除草剤、発芽抑制剤及び植物生長調整剤
3	台湾	[390410] ポリ塩化ビニル（他の物質と混合してないもの）
4	中国	[392113] プラスチック製のその他の板、シート、フィルム、はく及びストリップ （ポリウレタン製のもの）
5	中国	[482110] 紙製ラベル、板紙製のラベル（印刷したもの）

（備考）ASEANstatsより作成。

---

[178] 2021年時点で集中的供給財である品目のうち、2011年～2021年に増加寄与の大きな上位5品目。

以上から、2011〜2021年にかけて、ASEAN諸国は中国からの集中的供給財の輸入が増加しており、中でも資本集約的（高スキル）品目のシェアが高まりつつあることが確認された。特にベトナムにおいて、集中的供給財の上位を中国製の（最終財ではなく）部品が占めている点は、1節2項の付加価値貿易の分析でみられたように、グローバル・バリュー・チェーンにおいてベトナムの後方参画率が高まっている点と整合的であり、海外製の部品として中国からの供給に依存している姿が裏付けられている。

（対米輸出は半導体関連が急増）

次に、ASEAN諸国の対米輸出品目をみると、資本集約（高スキル）的業種においては、テレビ、半導体デバイス、パソコン等、部品としての半導体を用いて製造される電気（電子）機器が、特にベトナムにおいて多くみられる（第2-2-13表）。他方、カンボジアからの輸出品は、高スキル的業種の中でも要求される技術水準が相対的に低いとみられる品目が並んでおり、各国の発展段階に応じて多様な製品を供給・輸出している状況がうかがえる。この点は、後述するように、UNCTAD (2016)が、ASEAN諸国は多様な経済発展段階にあることから、多国籍企業の様々なバリュー・チェーン活動を支えることが可能と指摘している点と整合的である。

第2-2-13表 ASEAN諸国の対米輸出品目（資本集約・高スキル的業種）[179]

（1）ベトナム

	輸出先国	品目
1	アメリカ	[851762] 音声・画像他データを送受信・変換・再生する機械 （電話機・基地局を除く。スイッチング／ルーティング機器を含む。）
2		[854140] 光電性半導体デバイス（光電池を含む）及び発光ダイオード
3		[850440] スタティックコンバーター（整流器等）
4		[847141] 自動データ処理機械 （中央処理装置、入力装置及び出力装置を同一のハウジングに収納しているもの）
5		[903180] 測定用機器（その他のもの）

（2）タイ

	輸出先国	品目
1	アメリカ	[854140] 光電性半導体デバイス（光電池を含む）及び発光ダイオード
2		[851660] その他のオーブン並びにクッカー、加熱調理板、煮沸リング、グリル及びロースター
3		[852859] モニター（陰極線管モニター以外のもの）
4		[291814] クエン酸
5		[851822] 拡声器（複数型）

---

[179] 2021年時点で集中的供給財である品目のうち、2011年〜2021年に増加寄与の大きな上位5品目。

（３）インドネシア

	輸出先国	品目
1	アメリカ	[851762] 音声・画像他データを送受信・変換・再生する機械 （電話機・基地局を除く。スイッチング／ルーティング機器を含む。）
2		[851671] コーヒーメーカー及びティーメーカー
3		[670411] かつら（完成品に限る、合成繊維材料製のもの）
4		[854411] 電気絶縁線；巻線（銅のもの）
5		[391740] プラスチック製の管・ホースの継手（ジョイント、エルボー、フランジ）

（４）マレーシア

	輸出先国	品目
1	アメリカ	[903210] サーモスタット
2		[902920] 速度計、回転速度計及びストロボスコープ
3		[853110] 盗難警報器、火災警報器その他これらに類する機器
4		[852560] ラジオ放送用、テレビ用の送信機器（受信機器を自蔵するもの）
5		[847149] 自動データ処理機械（システムの形態で提示するもの）

（５）カンボジア

	輸出先国	品目
1	アメリカ	[392321] プラスチック製の運搬用、包装用の製品、プラスチック製の栓、ふた、キャップ （エチレンの重合体製のもの）
2		[460290] かご細工物、枝条細工物その他の製品
3		[670420] かつら、付けひげ、付け眉毛、付けまつげ等（人髪製のもの）

（備考）ASEANstatsより作成。

（ASEAN諸国の半導体関連品目の対中輸入・対米輸出は過去10年で急増）

　以下では、ASEAN諸国の貿易（対中輸入・対米輸出）において存在感の高まる半導体関連品目[180]について、より詳細に確認する。

　まず、ベトナムの対中輸入においては、2011年時点では半導体関連品目の規模・種類は少なかったが、2021年には対象13品目が全て中国から輸入され、大幅に増加したことが分かる（第2-2-14（１）図）。対米輸出に関しては、2021年においても輸出されている品目は少ない。ただし、プロセッサ・コントローラや発光ダイオード等、一部品目については2021年にかけて大規模な輸出が行われるようになったことが分かる（第2-2-14（２）図）。

　次に、マレーシアの対中輸入においては、2011年時点で既に多く輸入されていた品目が、2021年には更に多く輸入されるようになり、ASEAN諸国の中でも半導体製造が早くから進んでいたことと整合的である（第2-2-14（３）図）。対米輸出に関しても、集積回路から発光ダイオードまで幅広い品目を輸出しており、後発のベトナムと対照的となっている（第2-2-14（４）図）。

　最後に、タイの対中輸入においては、マレーシアには規模は劣るものの、種類の点では遜色ない多様な品目を輸入していることが分かる（第2-2-14（５）図）。特に、2011

---

[180] 内閣府（2022a）と同様に、HSコード8541、8542の品目を半導体関連の品目とみなしている。本稿のHSコード６桁ベースの分析では、第2-2-14図に列挙する13品目が該当する。

年時点ではほぼゼロであった集積回路、集積回路部品が、2021年には大規模に輸入されている。対米輸出に関しては、2011年時点から集積回路の輸出は行われており、2021年には規模が拡大した（第2-2-14（6）図）。一方で、集積回路部品やメモリの輸出は、2011年から2021年にかけて規模が縮小しており、輸出対象が一様に増加している訳ではない。この点は、ASEAN内外の国々との技術面や価格面での優位性の違い等に応じて輸出品目の変化が進んでいる可能性を示唆している。

第2-2-14図 ASEAN諸国の半導体の貿易

（1）ベトナム（対中輸入）

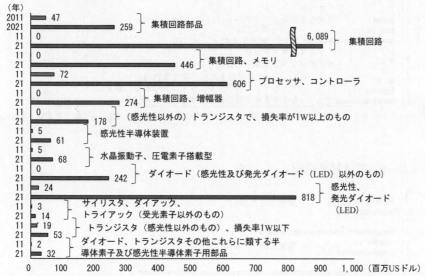

（2）ベトナム（対米輸出）

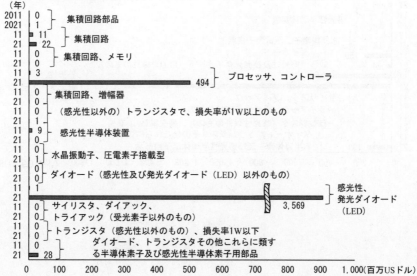

（3）マレーシア（対中輸入）

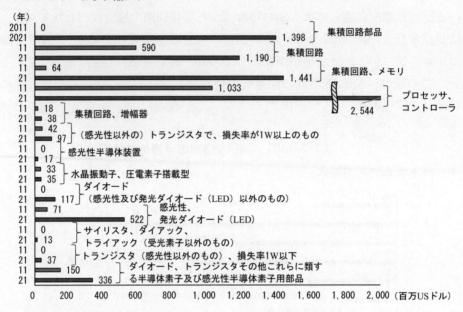

（4）マレーシア（対米輸出）

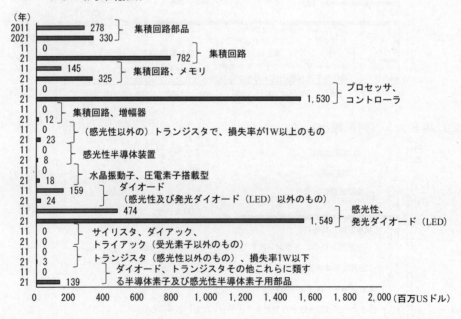

（5）タイ（対中輸入）

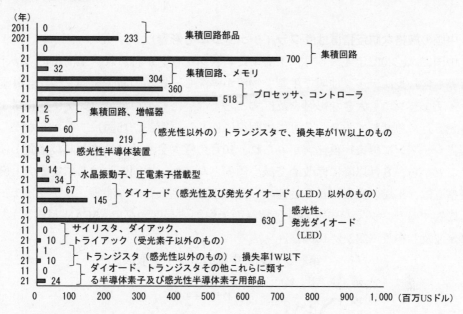

（6）タイ（対米輸出）

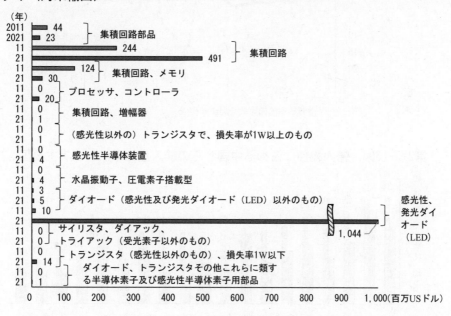

（備考）ASEANstatsより作成。

3．特定国への依存リスクと「ASEANシフト」の動き

（中国の厳格な防疫措置はサプライチェーンにも影響）

　中国では、2022年4〜5月に上海市でロックダウンが行われ、上海市に隣接する江蘇省等も含む長江デルタ地域で生産、物流が停滞し、貿易の減少を通じて、諸外国のサプライチェーンにも大きな影響を及ぼすこととなった。上海港のコンテナ取扱量をみると、4〜5月に急減しており、7月には回復に転じた（第2-2-15図）。しかしながら、夏の観光シーズンに感染症再拡大がみられ、10月の党大会を前に厳格な防疫措置が続けられたことから、8月以降には改めて減少傾向となった。中国における感染動向と厳格な防疫措置は、工場の操業停止や物流の混乱による部品供給の停滞等、サプライチェーンにも影響するリスクとなっており、貿易面で中国依存度の高いASEAN諸国には大きな影響が波及し得る（第2-2-16図）。

第2-2-15図　中国のコンテナ取扱量

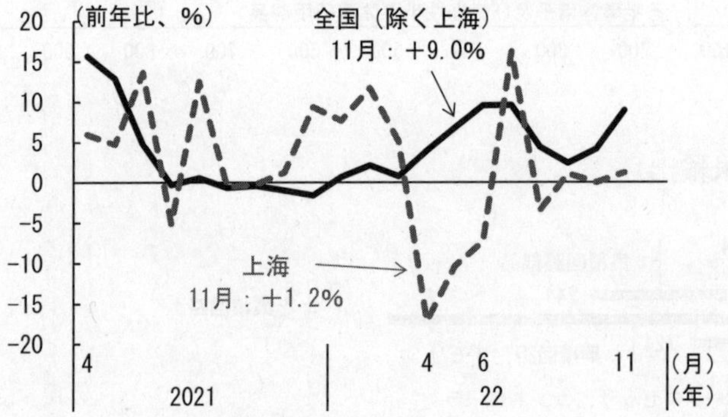

（備考）中国国家統計局より作成。

第2-2-16図　輸入総額に占める中国からの輸入額比率（アジア主要国等）

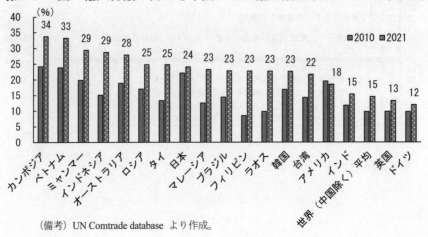

（備考）UN Comtrade database より作成。

（在中企業の投資計画に生じた「チャイナ・プラスワン」[181]の動き）

　在中米国企業に対するアンケート調査[182]によれば、89%の企業は中国での事業は利益が上がったとしつつ、96%の企業は厳格な防疫措置の影響を受けたとした。また回答企業の半数以上は投資計画を停止・延期・撤回したと回答した（第2-2-17（1）図）。さらに、回答企業の1/4近くが、過去1年でサプライチェーンの一部を中国から移転したとした（米国8％、その他地域16%）（第2-2-17（2）図）。

第2-2-17図　在中米国企業に対するアンケート調査

（1）在中米国企業の投資計画の変化

　　厳格な防疫措置を受けて停止・延期・撤回した投資額の推計値

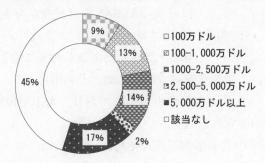

（2）在中米国企業のサプライチェーン

　　過去1年でサプライチェーンを部分的にでも移動させたか

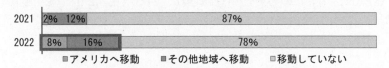

　　サプライチェーンをその他地域へ移動させた理由

　　　　（備考）米中ビジネス評議会より作成。

---

[181] 中国EU商会は2022年9月の報告書で、欧州企業の直接投資は対中向けが減少し、他のアジア諸国等向けが強まっており、そのトレンドは続く見込みと指摘した（詳細は本章2節コラム参照）。
[182] 米中ビジネス評議会（US-China Business Council (USCBC) (2022)）、2022年8月公表（調査期間は2022年6月）。回答企業は117社で、多くはアメリカに本社のある多国籍企業であり、20年以上中国での事業を展開。

同様に、上海米国商会の調査[183]では、2022年の対中投資が前年比で減少した企業は19％となり、上位の理由はいずれも防疫措置の関連であった。前年比で増加した企業は30％であり、第一の理由は中国市場の成長ポテンシャルとした。過去１年間に中国に投資予定であった計画を他国・地域の市場への投資に変更した企業は３割に上り、2021年の調査結果の２倍近くとなった。今後１～３年以内に事業・拠点の中国外への移転を検討中とした企業は17％となり、理由として米中関係と防疫措置が挙げられた。

４．各国の対ASEAN関係強化の動き

（企業の「ASEANシフト」は今後も進展する見込み）

　本節１項でみたとおり、足下では旺盛なASEAN向け投資がみられるが、今後の動向はどうであろうか。在ASEAN米国企業に対する調査[184]によれば、今後５年間のASEANにおける貿易・投資量について、増加と回答した企業が89％に達した（同程度10％、減少２％）。増加の理由は、中所得層の増加、労働力の利用可能性、インフラの改善、生産コストの競争力といった前向きな理由が並んでおり、ASEANの成長性や良好な企業活動環境に対する期待がみられる（第2-2-18（１）図）。

　一方、今後５年間で米中貿易摩擦が在ASEAN企業の活動に与える影響については、影響があると回答した企業が85％に及んだ（大いに影響27％、一定程度影響58％）。予期される影響の表れ方としては、中国企業との競争の激化、新たなサプライヤーの選定、投資や人材の中国からのシフトの必要性等が上位に並んでおり、米中貿易摩擦への対応策として「ASEANシフト」の必要性が意識されている（第2-2-18（２）図）。

---

[183] 調査対象企業は307社。
[184] American Chamber of Commerce (AmCham) (2022)

第2-2-18図　在ASEAN米国企業に対するアンケート調査

（１）今後５年間、ASEANにおける貿易・投資量を増加させる理由（複数回答）

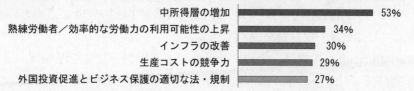

中所得層の増加	53%
熟練労働者／効率的な労働力の利用可能性の上昇	34%
インフラの改善	30%
生産コストの競争力	29%
外国投資促進とビジネス保護の適切な法・規制	27%

（２）今後５年間、米中貿易摩擦が在ASEAN企業に及ぼす影響の表れ方（複数回答）

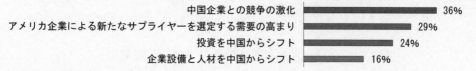

中国企業との競争の激化	36%
アメリカ企業による新たなサプライヤーを選定する需要の高まり	29%
投資を中国からシフト	24%
企業設備と人材を中国からシフト	16%

（備考）米中ビジネス評議会（USCBC）（2022年８月）より作成。

　UNCTAD (2022, 2021) は、近年の地政学的緊張とサプライチェーンの試練は、ASEANへのより多くの再配置をもたらす見通しと指摘している[185]。第2-2-18（１）図のようなASEAN諸国の経済的に前向きな要素に加え、米中貿易摩擦や感染症拡大によるサプライチェーン問題等、ASEAN諸国に起因しない問題の回避のためにも、「ASEANシフト」の重要性は高まっており、今後も進展していく見通しとなっている。

---

[185] UNCTAD (2021) は、ASEANへの生産移管は1970〜1980年代から多国籍企業によって行われてきたが、その際の主な理由はコストの低さであったのに対し、近年の生産移管は、地政経済学 (geoeconomics) やサプライチェーンの強靱性 (resillience) が追加的に考慮されていると指摘しており、その背景として米中貿易摩擦と感染症拡大によるサプライチェーンの断絶を挙げ、こうした状況は今後ともASEANへの生産移管を促進する見込みとしている。

コラム5：サプライチェーンリスクの回避策としての中国現地生産の増加

　本章においてはASEANとアメリカ、中国の関係を中心に分析を進めているが、EUもASEANに対して積極的な投資を進めてきている。

　EUの対ASEAN直接投資は、年により変動が大きいが、総じて増加傾向となっている。産業別内訳をみると、米中貿易摩擦が本格化して以降、2019年から2021年にかけては製造業の増加が顕著になっており、感染症拡大期の2020年にも増加し（＋31.6%）、2021年には更に増加した（＋73.7%）（図1）。

図1　EUの対ASEAN直接投資（フロー、産業別）

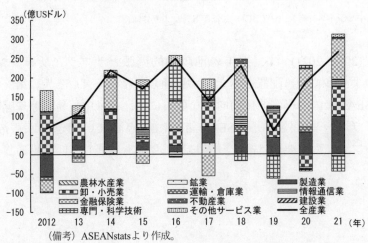

（備考）ASEANstatsより作成。

　一方で中国への投資については、慎重な見方が報告されている。中国EU商会は、2022年9月に公表した報告書[186]において、中国市場はゼロコロナ政策等によって予見可能性・信頼性・効率性が低下し、直接投資先としての地位を損ねていると指摘した。また、同商会会長は記者会見で「2020年初以降、加盟27か国から新たに中国に進出した企業は一社もない」等と述べた。

　Kratz et.al (2022)も、近年は新たに中国に進出する欧州企業は事実上皆無としている。そうした中で、欧州企業の対中直接投資は、既に中国に進出済みの一部の大企業、特にドイツ系企業への集約度が高まっていると指摘している（図2、表3）[187]。

---

[186] European Union Chamber of Commerce in China (2022)
[187] 2018〜2021年の欧州の対中直接投資額のうち、Volkswagen、BMW、Daimler、BASFの4社で34%に相当。

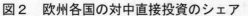

図2　欧州各国の対中直接投資のシェア

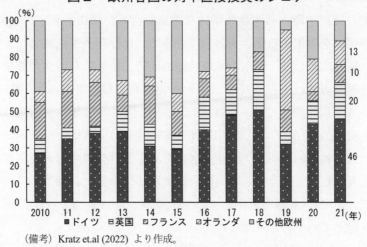

（備考）Kratz et.al (2022) より作成。

表3　対中直接投資額上位の欧州企業

	2018	19	20	21
1	Volkswagen（独）	Heineken（蘭）	Grifols S.A.（西）	Volkswagen（独）
2	Diageo（英）	Volkswagen（独）	Volkswagen（独）	BASF（独）
3	Allianz（独）	IKEA（典）	BASF（独）	BMW（独）
4	Daimler（独）	Daimler（独）	Daimler（独）	Veolia（仏）
5	Vailog（伊）	AXA（仏）	Permira（英）	CrystecPharma（英）

（備考）Kratz et.al (2022) より作成。

　Kratz et.al (2022) は、中国で安定的な新規投資を維持している巨大欧州企業には、以下3点の主要な理由があると整理している。
　(1)中国で大きな利益を得ており、中国市場が引き続き成長すると見込んでいる。
　(2)過去の投資を無駄にせず、また中国地場企業に追いつかれないために、競争力を維持する必要がある。
　(3)「更なる現地化」を通じて、中国での事業を国際的なリスクから断ち切る。
　中国EU商会は、いまや各国企業は中国向けのサプライチェーンと中国以外のサプライチェーンを構築する必要性に迫られており、複数のサプライチェーンを維持することはコスト面で大きな問題となっていると指摘している。

（諸外国政府は対ASEAN関係を強化）

　経済的な観点のみならず地政学的な観点を含めた理由からも、諸外国政府はASEAN諸国との関係を強化する動きをみせている[188]。世界経済が両陣営で分離されていたかつての冷戦期と比較して、現在の米中は経済面での相互依存関係が高まっている。こうした中で、アメリカは、欧州やアジアとの連携を重視しており、2022年２月に公表した「インド太平洋戦略」では、ASEAN諸国との協力の重要性を強調した[189]。2022年11月の米ASEAN首脳会議では、米ASEAN関係を従来の「戦略的パートナーシップ」に代えて「包括的・戦略的パートナーシップ」を立ち上げ、協力分野を気候変動やエネルギー分野に拡大することで合意した。同会議でバイデン米大統領は、「インド太平洋戦略」の中核にASEANがあると表明し、「気候やルールに基づく秩序、法の支配への脅威に共に取り組んでいく」と強調した。

　中国側の動きについてみると、2021年11月、中国ASEAN特別首脳会議にて、中国ASEAN関係を従来の「戦略的パートナーシップ」に代えて「包括的・戦略的パートナーシップ」を立ち上げた。共同声明では、ASEAN独自のインド太平洋構想[190]と中国の「一帯一路」構想について、双方に利益のある協力方法を模索していくこととした。2022年11月、ASEAN＋３（日中韓）首脳会議で李克強中国国務院総理は「ASEAN＋３の協力と発展は国際的サプライチェーンの安定・円滑化に資する」「現在の国際情勢は複雑で変化が多く、ASEAN＋３は引き続き地域と世界の平和・繁栄の促進に尽力すべき」等と述べ、中国側としてもASEANとの連携の重要性を強調した（第2-2-19表）。

---

[188] 米中の新たな大国間競争を、かつてのアメリカ・旧ソ連の冷戦と対比する表現は、以下のように米中首脳等による演説等においてみられている。習近平中国国家主席は、2021年１月のダボス会議における演説にて、「国際的な『小グループ化』や『新冷戦』を進め、他を排斥・威嚇・脅迫し、何かにつけてデカップリング・供給遮断・制裁を行い、人為的に相互隔離、更には隔絶を作り出すなら、世界を分裂、さらには対抗に向かわせるだけである」「我々は決してかつての道を歩んではならない」等と述べた。ゲオルギエバIMF専務理事は、2022年11月のインタビューにて、「新たな世代に渡る第二次冷戦に向かうのは非常に無責任」等と述べた。バイデン米大統領は、2022年11月の米中首脳会談後に、「世界は、気候変動や食料安全など世界的な試練の中で、米中がカギとなる役割を果たし、協働することを期待しており」「米国は正にそうする用意がある」「新冷戦は不要と確信している」等と述べた。
[189] White House (2022)
[190] ASEAN (2019)

第2-2-19表　近年の米中のASEAN諸国との関係強化の動き

2021年11月	中国ASEAN対話関係樹立30周年記念サミット 「包括的・戦略的パートナーシップ」を立ち上げ
2022年5月	米ASEAN特別首脳会議 「共同構想声明」を発表（「包括的・戦略的パートナーシップ」に言及）
2022年11月	米ASEAN首脳会議 「包括的・戦略的パートナーシップ」を立ち上げ、協力分野を拡大
	ASEAN＋3（日中韓）首脳会議 中国側としてもASEAN＋3の各方面での協力深化の重要性を強調

（備考）各国政府発表等より作成。

　米中のこうした動きは、ASEAN諸国との関係が、自国にとってのサプライチェーン上の重要性にとどまらないことを示している。地政学的リスクも踏まえ、経済関係の強化のみでは十分ではなく、経済以外の分野でも包括的に関係性を強化し、各方面での相対的な優位性を維持する必要性が従来に増して高まっていることが示唆されている。

　我が国も、2022年11月にはASEAN諸国との首脳会談を相次いで開催するなど、各国との関係深化が進んでいる。タイとの両国関係は包括的・戦略的パートナーシップに格上げされた。また、カンボジアとの両国関係は、2023年に包括的・戦略的パートナーシップに格上げすることで合意された。

　また、近年、中東諸国とASEAN諸国の関係強化の動きが進んでいる（第2-2-20表）。中東にとっては、世界的な脱炭素の潮流の中で、原油等の資源輸出に依存した経済から改善を進めるべく、産業の多角化の取組が必要となっている[191]。従来は、中国との関係を強化しつつ多角化が進められてきたが[192]、米中貿易摩擦や、中国における厳格な防疫措置によるサプライチェーンリスクが顕在化し、過度な中国依存はリスクと認識される中で、ASEAN諸国との関係強化が模索されている。

---

[191] 秋元（2020）は、UAEは、国際都市ドバイで経済特区を設置し、税制優遇や送金の自由化等により外資企業の誘致を推進した結果、他の産油国と比較して産業の多角化が進んだとしている（金融、流通、製造業、不動産業等が発展し、非石油・天然ガス部門がGDPの7割に相当）。

[192] 三船（2021）は、中国側イニシアティブの取組の具体例として以下を挙げている。アラブ諸国の工業化促進のための特別融資、UAE、カタールとの共同ファンド設立による伝統的エネルギー、インフラ設備、ハイエンド製造等への投資等。

第2-2-20表　最近の中東と東南アジアの関係強化の動き

2022年1月	タイのプラユット首相がサウジアラビアを訪問[193] ・両国の直行便の復活、サウジはタイ産鶏肉の輸入を解禁、タイはサウジ観光客のビザを免除。湾岸中心会議（GCC）6カ国とタイとの自由貿易協定（FTA）締結に向けた協力でも合意。
2022年7月	インドネシアのジョコ大統領がアラブ首長国連邦（UAE）訪問 ・経済連携協定（EPA）に署名

（備考）各国政府発表等より作成。

---

[193] 3月には観光スポーツ大臣、5月には外務大臣、8月には商務大臣がサウジアラビアを訪問。

第3節　まとめ

　本章では、貿易面でのASEANの存在感の上昇と、サプライチェーン安定化のための諸外国による対ASEAN直接投資の増加等について整理した。

　1節では、世界貿易の中で存在感の高まるASEAN諸国について、貿易が量的に拡大するのみならず、輸出品目と輸入品目が共に高度化する質的変化が進んでいることを確認した。ASEAN諸国は、輸出総額の中で機械製品等の比率を高めており、幅広い重要品目を製造・輸出する「世界の工場」の役割も担いつつあり、こうした中で、近年ASEAN諸国は中国との相互依存関係を深化させている状況が確認された。

　2節では、近年は欧米諸国の対中直接投資に減速がみられる一方で、ASEAN向けの直接投資は大きく伸びており、金融・保険業を除けば製造業の増加が顕著であることを確認した。労働コスト面の優位性等から諸外国の進出が活発な貿易・投資環境の中で、ASEAN諸国の貿易品目には、過去10年で半導体関連品目の急速な増加もみられている。一方で、部品供給においては、中国からの供給に依存する品目が極めて多数に上ることも確認された。企業へのアンケート調査では、米中貿易摩擦や中国の厳格な防疫措置を理由として、対中直接投資の見直し、ASEANを含む他の地域への振替が検討され、ASEANにおける貿易・投資は今後も拡大する見通しであった。また、経済にとどまらず気候・エネルギーを含む包括的な協力関係の構築を米中双方が模索し、中東諸国もASEANとの関係強化を模索している動きもみられている。日本もASEAN諸国との関係深化を活発に進めている。

　欧米等主要国においては、対中依存の見直しを目指す動き（いわゆる「チャイナ・プラスワン」の下での「ASEANシフト」）が一部で進みつつある。しかしながら、ASEAN諸国では貿易面での対中依存度が急速に高まっており、その意味では、ASEAN諸国においても、中国に関連するサプライチェーン上のリスクの軽減は容易ではない点には留意が必要である。

　ASEAN外の国や企業は、ASEAN諸国をめぐる重要性と複雑性が増す中で、各国・企業がサプライチェーンを最適化するためには、ASEAN諸国との関係をより戦略的に検討することが必要となる。ASEAN諸国への直接投資等をめぐる競争が高まる中では、単に自国側の必要性に基づく短期的な経済的関係にとどまらず、ASEAN諸国側から求められることが重要となろう[194]。すなわち、ASEAN諸国自身が中長期的な発展のために必要としていること（生産性の上昇、技術移転、脱炭素等環境面を始めとした課題解

---

[194] ASEAN諸国が、労働コスト面での優位性が減じた時点で経済成長率が鈍化し、高位中所得国や高所得国への移行が停滞する「中所得国の罠」の状態に陥らないためには、自国企業による生産や技術進歩を可能とすることが必須とされる（トラン・苅込（2019））。

決等）に如何に適切に応じられるかの重要性が、これまで以上に高まっているといえよう。

参考文献

(第2章)

秋元翔太［2020］「UAEは『脱石油依存』のロールモデルとなり得るか？」海外投融資　2020年3月

アジア経済研究所［2022］『アジア動向年報2022』2022年5月

伊藤恵子［2019］「グローバル・バリューチェーンにおける途上国の貿易構造変化」日本国際経済学会　第78回全国大会　2019年9月

経済産業省［2019］『通商白書2019』

関志雄［2020］「米中摩擦の拡大化と長期化─貿易戦争からハイテク戦争へ─」　第2章　『アジアダイナミズムとベトナムの経済発展』　山田満、苅込俊二　編著　文眞堂　2020年2月

トラン・ヴァン・トウ、苅込俊二［2019］『中所得国の罠と中国・ASEAN』勁草書房　2019年7月

内閣府［2022］『世界経済の潮流2021年Ⅱ─中国の経済成長と貿易構造の変化─』

三船恵美［2021］「中国の対中東政策」国際問題No.702　2021年8月

American Chamber of Commerce (AmCham) [2022] *2022 ASEAN Business Outlook Survey - ASEAN: The Future of the 21st Century Economy*, October 2022.

ASEAN [2019] "ASEAN Outlook on the Indo-Pacific", June 2019.

Asian Development Bank (ADB) [2022] *Economic Insights from Input-Output Tables for Asia and the Pacific*, July 2022.

European Union Chamber of Commerce in China [2022] *European Business in China Position Paper 2022/2023*.

Kratz et al. [2022] "The Chosen Few: A Fresh Look at European FDI in China", Rhodium Group, Note, Rhodium Group, September 14, 2022.

　　https://rhg.com/research/the-chosen-few/ （2023年1月11日取得）

Li et al. [2019] "Recent patterns of global production and GVC participation", ch.1 in *Global Value Chain Development Report 2019,* WTO.

O'Farrell, S. [2022] "China's foreign investment problem", FDi intelligence, February 18, 2022.

　　https://www.fdiintelligence.com/content/Feature/chinas-foreign-investment-problem-80679 （2023年1月31日取得）

United Nations Conference on Trade and Development (UNCTAD) [2016] *ASEAN Investment Report 2016*.

United Nations Conference on Trade and Development (UNCTAD) [2019] *ASEAN Investment Report 2019*.

United Nations Conference on Trade and Development (UNCTAD) [2021] *ASEAN Investment Report 2020-2021*.

United Nations Conference on Trade and Development (UNCTAD) [2022] *ASEAN Investment Report 2022*.

US-China Business Council (USCBC) [2022] *USCBC 2022 Member Survey*.

U.S. Department of the Treasury [2020] *Report to Congress: Macroeconomic and Foreign Exchange Policies of Major Trading Partners of the United States*, December 2020.

U.S. Department of the Treasury [2021a] *Report to Congress: Macroeconomic and Foreign Exchange Policies of Major Trading Partners of the United States*, April 2021.

U.S. Department of the Treasury [2021b] *Report to Congress: Macroeconomic and Foreign Exchange Policies of Major Trading Partners of the United States*, December 2021.

U.S. Department of the Treasury [2022a] *Report to Congress: Macroeconomic and Foreign Exchange Policies of Major Trading Partners of the United States*, June 2022.

U.S. Department of the Treasury [2022b] *Report to Congress: Macroeconomic and Foreign Exchange Policies of Major Trading Partners of the United States*, November 2022.

Wang, O. [2022] "Explainer: How much is China's foreign direct investment and is it still a good destination for overseas investors?", South China Morning Post, June 10, 2022.
https://www.scmp.com/economy/economic-indicators/article/3181037/how-much-chinas-foreign-direct-investment-and-it-still（2023年1月31日取得）

White House (2022) "Indo-Pacific Strategy of the United States", February 2022.

Xiong Y and S. Zhang, [2016] "The Impact of Rising Labor Costs on Commodity Composition of Manufactured Exports: Evidence from China", mimeo.

Ying et al. [2013] "Trends in Singapore's Inward and Outward Direct Investment, 2001-2011", *Statistics Singapore Newsletter*, Singapore Department of Statistics, September 2013.

主な統計の入手先

国・地域	作成機関	URL
アメリカ	商務省経済分析局（BEA）	https://www.bea.gov/
	商務省センサス局	https://www.census.gov/
	労働省統計局（BLS）	https://www.bls.gov/
	連邦準備制度理事会（FRB）	https://www.federalreserve.gov/
	米連邦住宅貸付抵当公社	https://www.freddiemac.com/
中国	海関総署	http://www.customs.gov.cn/
	汽車工業協会	http://www.caam.org.cn/
	銀行保険監督管理委員会	http://www.cbirc.gov.cn/cn/view/pages/index/index.html
	国家衛生健康委員会	http://www.nhc.gov.cn/
	国家統計局	http://www.stats.gov.cn/
	人民銀行	http://www.pbc.gov.cn/
	財政部	http://www.mof.gov.cn/index.htm
ユーロ圏	欧州委員会	https://ec.europa.eu/info/business-economy-euro/indicators-statistics/economic-databases_en
	欧州中央銀行（ECB）	https://www.ecb.europa.eu/home/html/index.en.html
	ユーロスタット	https://ec.europa.eu/eurostat
ドイツ	ドイツ連邦統計局	https://www.destatis.de/EN/Home/_node.html
	ドイツ連邦政府	https://www.bundesregierung.de/breg-en
英国	国家統計局（ONS）	https://www.ons.gov.uk/
	イングランド銀行（BOE）	https://www.bankofengland.co.uk/
オランダ	経済分析総局	https://www.cpb.nl/en

国際機関等	資料名	URL
ADB： Asian Development Bank	ASEAN Stats	https://data.aseanstats.org/
APO： Asian Productivity Organization	Direction of Trade Statistics	https://data.imf.org/?sk=9D6028D4-F14A-464C-A2F2-59B2CD424B85
BIS： Bank for International Settlements	Total Credit to the Non-Financial Sector Central bank policy rates	https://www.bis.org/
IMF： International Monetary Fund	World Economic Outlook	https://www.imf.org/en/Publications/WEO
OECD： Organisation for Economic	Economic Outlook OECD Statistics	https://www.oecd.org/economic-outlook/ https://stats.oecd.org/
S&Pグローバル		https://www.spglobal.com/en/
United Nations：	World Population Prospects	https://population.un.org/wpp/

組織名	資料名	URL
ブリューゲル		https://www.bruegel.org/
IIF: Institute of International Finance	Capital Flows and Debt	https://www.iif.com/

「世界経済の潮流　2022年 II」

政策統括官（経済財政分析担当）　　　　　村山裕

大臣官房審議官（経済財政分析担当）　　　松多秀一

大臣官房審議官（経済財政分析担当）　　　堤雅彦

参事官（海外担当）　　　　　　　　　　　石橋英宣

　　執筆担当者

　　　　　衞藤皷　　　茂野正史　　　島津頼嗣　　　園田桂子

　　　　　竹内緑　　　仲島大誠　　　布目彰秀　　　花垣貴司

　　　　　福田信　　　本田真理子　　望月文太

　　　　　　　　　　　　　　　　　　　　　　　　　（五十音順）

世界経済の潮流　2022年 II

令和 5 年 3 月10日　発行　　　　　　定価は表紙に表示してあります。

編　集　　　　内閣府政策統括官室
　　　　　　　（経済財政分析担当）
　　　　　　　〒100-8914
　　　　　　　東京都千代田区永田町 1 - 6 - 1
　　　　　　　電　話（03）5253-2111

発　行　　　　日経印刷株式会社
　　　　　　　〒102-0072
　　　　　　　東京都千代田区飯田橋 2 - 15 - 5
　　　　　　　　　　　　TEL 03（6758）1011

発　売　　　　全国官報販売協同組合
　　　　　　　〒100-0013
　　　　　　　東京都千代田区霞が関 1 - 4 - 1
　　　　　　　日　土　地　ビ　ル　1　階
　　　　　　　　　　　　TEL 03（5512）7400

ISBN978-4-86579-356-7